Geraldo Moraes

O Cineasta do Interior

Geraldo Moraes

O Cineasta do Interior

Klecius Henrique

imprensaoficial

São Paulo, 2008

Governador   José Serra

imprensaoficial   Imprensa Oficial do Estado de São Paulo

Diretor-presidente   Hubert Alquéres

Coleção Aplauso

Coordenador Geral   Rubens Ewald Filho

Apresentação

Segundo o catalão Gaudí, *não se deve erguer monumentos aos artistas porque eles já o fizeram com suas obras.* De fato, muitos artistas são imortalizados e reverenciados diariamente por meio de suas obras eternas.

Mas como reconhecer o trabalho de artistas geniais de outrora, que para exercer seu ofício muniramse simplesmente de suas próprias emoções, de seu próprio corpo? Como manter vivo o nome daqueles que se dedicaram à mais volátil das artes, escrevendo, dirigindo e interpretando obras-primas, que têm a efêmera duração de um ato?

Mesmo artistas da TV pós-videoteipe seguem esquecidos, quando os registros de seu trabalho ou se perderam ou são muitas vezes inacessíveis ao grande público.

A *Coleção Aplauso*, de iniciativa da Imprensa Oficial, pretende resgatar um pouco da memória de figuras do Teatro, TV e Cinema que tiveram participação na história recente do País, tanto dentro quanto fora de cena.

Ao contar suas histórias pessoais, esses artistas dão-nos a conhecer o meio em que vivia toda uma classe que representa a consciência crítica da sociedade. Suas histórias tratam do contexto social no qual estavam inseridos e seu inevitável reflexo na arte. Falam do seu engajamento político em épocas adversas à livre expressão e as conseqüências disso em suas próprias vidas e no destino da nação.

Paralelamente, as histórias de seus familiares se entrelaçam, quase que invariavelmente, à saga dos milhares de imigrantes do começo do século passado no Brasil, vindos das mais variadas origens. Enfim, o mosaico formado pelos depoimentos compõe um quadro que reflete a identidade e a imagem nacional, bem como o processo político e cultural pelo qual passou o país nas últimas décadas.

Ao perpetuar a voz daqueles que já foram a própria voz da sociedade, a *Coleção Aplauso* cumpre um dever de gratidão a esses grandes símbolos da cultura nacional. Publicar suas histórias e personagens, trazendo-os de volta à cena, também cumpre função social, pois garante a preservação de parte de uma memória artística genuinamente brasileira, e constitui mais que justa homenagem àqueles que merecem ser aplaudidos de pé.

José Serra
Governador do Estado de São Paulo

Coleção Aplauso

O que lembro, tenho.
Guimarães Rosa

A *Coleção Aplauso*, concebida pela Imprensa Oficial, visa a resgatar a memória da cultura nacional, biografando atores, atrizes e diretores que compõem a cena brasileira nas áreas de cinema, teatro e televisão. Foram selecionados escritores com largo currículo em jornalismo cultural para esse trabalho em que a história cênica e audiovisual brasileira vem sendo reconstituída de maneira singular. Em entrevistas e encontros sucessivos estreita-se o contato entre biógrafos e biografados. Arquivos de documentos e imagens são pesquisados, e o universo que se reconstitui a partir do cotidiano e do fazer dessas personalidades permite reconstruir sua trajetória.

A decisão sobre o depoimento de cada um na primeira pessoa mantém o aspecto de tradição oral dos relatos, tornando o texto coloquial, como se o biografado falasse diretamente ao leitor.

Um aspecto importante da *Coleção* é que os resultados obtidos ultrapassam simples registros biográficos, revelando ao leitor facetas que também caracterizam o artista e seu ofício. Biógrafo e biografado se colocaram em reflexões que se estenderam sobre a formação intelectual e ideológica do artista, contextualizada na história brasileira, no tempo e espaço da narrativa de cada biografado.

São inúmeros os artistas a apontar o importante papel que tiveram os livros e a leitura em sua vida, deixando transparecer a firmeza do pensamento crítico ou denunciando preconceitos seculares que atrasaram e continuam atrasando nosso país. Muitos mostraram a importância para a sua formação terem atuado tanto no teatro quanto no cinema e na televisão, adquirindo linguagens diferenciadas – analisando-as com suas particularidades.

Muitos títulos extrapolam os simples relatos biográficos, explorando – quando o artista permite – seu universo íntimo e psicológico, revelando sua autodeterminação e quase nunca a casualidade por ter se tornado artista – como se carregasse desde sempre, seus princípios, sua vocação, a complexidade dos personagens que abrigou ao longo de sua carreira.

São livros que, além de atrair o grande público, interessarão igualmente a nossos estudantes, pois na *Coleção Aplauso* foi discutido o processo de criação que concerne ao teatro, ao cinema e à televisão. Desenvolveram-se temas como a construção dos personagens interpretados, a análise, a história, a importância e a atualidade de alguns dos personagens vividos pelos biografados. Foram examinados o relacionamento dos artistas com seus pares e diretores, os processos e as possibilidades de correção de erros no exercício do teatro e do cinema, a diferença entre esses veículos e a expressão de suas linguagens.

Gostaria de ressaltar o projeto gráfico da *Coleção* e a opção por seu formato de bolso, a facilidade para ler esses livros em qualquer parte, a clareza de suas fontes, a iconografia farta e o registro cronológico de cada biografado.

Se algum fator específico conduziu ao sucesso da *Coleção Aplauso* – e merece ser destacado –, é o interesse do leitor brasileiro em conhecer o percurso cultural de seu país.

À Imprensa Oficial e sua equipe coube reunir um bom time de jornalistas, organizar com eficácia a pesquisa documental e iconográfica e contar com a disposição e o empenho dos artistas, diretores, dramaturgos e roteiristas. Com a *Coleção* em curso, configurada e com identidade consolidada, constatamos que os sortilégios que envolvem palco, cenas, coxias, *sets* de filmagem, textos, imagens e palavras conjugados, e todos esses seres especiais – que nesse universo transitam, transmutam e vivem – também nos tomaram e sensibilizaram.

É esse material cultural e de reflexão que pode ser agora compartilhado com os leitores de todo o Brasil.

Hubert Alquéres
Diretor-presidente da
Imprensa Oficial do Estado de São Paulo

Introdução

Conhecer a história de Geraldo Moraes é passear por episódios marcantes da História do Brasil, como o desfecho da Era Vargas, a recente ditadura militar entre 1964 e 1985 e a construção do Cinema Brasileiro contemporâneo, como o leitor poderá observar ao longo do livro.

Ao aceitar o convite de Rubens Ewald Filho para assinar este volume da *Coleção Aplauso*, tive o prazer de me aproximar de um cineasta que conhecia de horas e horas de entrevistas sobre política cultural e o desafio de apresentar ao público um realizador cuja filmografia é formada por três longas (está com mais dois filmes em andamento) e dezenas de curtas e vídeos.

Nos seus três longas (*A Difícil Viagem, Círculo de Fogo e No Coração dos Deuses*), Geraldo Moraes, um apaixonado pelo Brasil e suas histórias, sobretudo o Brasil do interior, entremeou ficção e realidade e sempre deu aos espectadores sua visão histórica de determinados acontecimentos da vida nacional.

Não é para menos. A História (com H maiúsculo), da qual não fugimos, tem sido generosa com Geraldo, testemunha de episódios que fazem parte da grande História do Brasil.

Na infância, quando ainda morava em Porto Alegre, Geraldo viu de perto a revolta dos gaúchos com o suicídio do presidente Getúlio Vargas. Dispensado da aula em colégio de jesuítas naquele 24 de agosto de 1954, foi orientado pelos padres a retornar, imediatamente, para casa. No caminho, viu uma rádio que fazia campanha contra Getúlio ser destruída pelos conterrâneos. O dia ficou em sua memória.

O lugar onde eu pegava o ônibus era o Viaduto Borges de Medeiros e acima dele ficava a Rádio Farroupilha, emissora dos Diários Associados que movia campanha contra Getúlio Vargas. Enquanto esperava, vi uma multidão colocar fogo na Rádio Farroupilha e jogar máquinas, papéis e equipamentos viaduto abaixo. Na rua, uma multidão descia a avenida chamando todos para queimar as Lojas Americanas porque os americanos derrubaram Getúlio. Muita gente chorava nas ruas e quando cheguei em casa, o ambiente era de consternação total. Meu pai chorava, recorda.

Filho de um getulista convicto (seu pai foi prefeito de Palmeira das Missões), Geraldo Moraes foi eleito vice-presidente da UNE na gestão de Vinícius Caldeira Brant, nos anos 60. O movimento estudantil o levou à militância política na Ação Popular, movimento do qual se orgulha de ter sido um dos fundadores. Nesse período, cruzou com a História várias vezes.

Quando o então governador do Rio Grande do Sul, Leonel Brizola, garantiu a posse de Jango, com a renúncia de Jânio Quadros, em solo gaúcho, Geraldo estava no Exército. Saiu do quartel com seu grupamento com a missão de proteger a divisa com Santa Catarina da invasão de militares golpistas, mas voltou sem precisar dar um tiro.

Os caminhões chegaram ao quartel, nos preparamos para embarcar no meio da multidão que se despedia dos seus novos heróis. Cena de cinema: quando fui subir no caminhão, lembro de minha mãe dando adeus no meio do povo, aos prantos, eu não tinha podido nem ir em casa para pegar uma roupa. Saímos, rodamos algumas ruas e fomos levados de volta para o quartel: o velho espírito conciliador e casuísta brasileiro tinha prevalecido, Jango aceitava ser presidente num regime parlamentarista e a oposição militar garantiria a posse dele, recorda.

Na UNE, Geraldo assumiu a vice-presidência de Cultura durante o período de efervescência do Centro Popular de Cultura (CPC), responsável por apoio fundamental às primeiras obras do Cinema Novo e pelo desenvolvimento de um teatro brasileiro mais crítico e voltado para a população, com os espetáculos da UNE-Volante.

Depois de ir quase à guerra em nome de Jango e da legalidade, o líder estudantil Geraldo Moraes acompanhou o presidente da UNE, Vinícius Caldeira Brant, a uma audiência com o presidente da República. Ao saber quem eram aqueles jovens, um senador, que também aguardava para falar com Jango, disparou: *Meu filho, você tem consciência de que é uma das dez pessoas mais influentes da política brasileira no momento?.*

Na UnB, onde criou o Centro de Produção Cultural e Educativa (CPCE), núcleo de onde surgiu boa parte da nova geração de cineastas brasilienses, Geraldo presenciou a repressão da ditadura a professores e alunos. Viu, também, que a persistência dos estudantes e mestres desembocou na eleição de Cristovam Buarque para a reitoria, pondo fim ao controle militar na UnB.

Numa das invasões sofridas pela UnB, um sargento recebeu ordens de retirar da Biblioteca Central 'todos os livros comunistas'. Um soldado perguntou o que era um livro comunista, o superior explicou: 'São os de capa vermelha!'. No meio da limpeza ideológica foi para o fogo toda a estante de clássicos do Direito que a UnB tinha encadernado com essa cor, conta.

Ainda da ditadura, Geraldo relembra várias histórias – entre elas, uma que revela a forma desastrada com que atuavam as forças militares na caça aos militantes da esquerda. Quando o cerco se fechou, preparou-se uma operação para que as lideranças deixassem o Brasil em segurança ou se instalassem em outra região que não a que atuava, inicialmente. Cosme Alves Neto iria para Argentina com sua mulher, Isa Guerra. Antes de partir, ele lembrou que deixara a agenda, com a direção de todos os amigos, em casa. Voltou para pegá-la e foi surpreendido pela repressão.

Preso, Cosme é levado para o fatídico prédio da Rua Frei Caneca e, no momento de mandá-lo para a cela, os policiais pedem que ele espere um momento. Colocaram o Cosme sentado numa sala, ele viu que havia um buraco no assento da poltrona, onde enfiou a agenda. Seis meses depois, quando foi solto, Cosme senta outra vez na mesma poltrona e, discretamente, resgata a agenda, revela.

O cinema conquistou Geraldo ainda na infância em Palmeira das Missões. A sala funcionava quando a energia elétrica, que não atendia a toda cidade ainda, era liberada. Foi lá no cinema de Seu Bataglia, um italiano, que viu os primeiros filmes. Fã da série *O Cavaleiro Vermelho*, exibida em episódios na sala, o menino Geraldo ficou sem graça ao chegar ao funeral do pai de um amigo que morrera no dia da exibição do último capítulo. O amigo não pôde ver o desfecho da história. Depois de receber os pêsames de todos, o menino não resistiu. *Quem era o Cavaleiro Vermelho?*

Foi em Porto Alegre que Geraldo descobriu que não queria ser apenas um espectador. Numa sessão vespertina no Cine Castelo, no bairro da Azenha, o filme não apareceu. O projecionista exibiu *Pinky*, de Elia Kazan, que estava em cartaz à noite. *Levei um susto, o filme tratava de preconceito racial, um assunto completamente diferente do que eu via nos programas da tarde, e era narrado de uma forma direta, como eu nunca tinha visto. Foi uma experiência perturbadora, uma revelação, mostrou que havia outros tipos de filmes. Pela primeira vez o cinema me fez perder o sono*, conta.

Aquela experiência o levou ao cineclube, colaborou para sua formação como cineasta e colocou Geraldo Moraes na militância cultural, que o aproximaria mais ainda da militância estudantil e desembocaria, novamente, na política nos movimentos sociais dos anos 60, no Congresso Brasileiro de Cinema e, mais recentemente, na Coalizão Brasileira pela Diversidade Cultural.

Geraldo teve o primeiro contato com a prática de cinema na Brasil Filme, a sucessora da Vera Cruz, em São Paulo. Foi em um estágio no período em que Walter Hugo Khouri filmava *A Ilha*. No retorno a Porto Alegre, trabalhou na equipe do curta-metragem *O Último Golpe* (João Carlos Caldasso), de onde conquistou o prêmio de melhor roteiro em um festival local. Daí em diante, a história de Geraldo espectador passou a se transformar na de Geraldo realizador.

Ex-secretário do Audiovisual do Ministério da Cultura, responsável pela regulação da Lei do Audiovisual e pela implantação do Programa Resgate (criados na gestão do seu antecessor, Ruy Solberg), pontapés importantes para a retomada da produção brasileira, Geraldo Moraes relembra ainda o tempo em que deixou de ser pessoa física para se tornar pessoa jurídica ao assumir uma cadeira no MinC, durante a gestão de Antonio Houaiss.

Tudo aconteceu quando ele foi almoçar, no Rio de Janeiro, com seu amigo Jorge Monclar e, horas depois, recebeu a curiosa informação de que o encontro havia gerado ciúmes na classe cinematográfica. Poderia dar a entender que ele, o então secretário do Audiovisual, privilegiava os técnicos. *Enquanto estiver na Secretaria, você é pessoa jurídica*, lembrou Vera Zaverucha, coordenadora da SDAV no Rio de Janeiro.

No MinC, Geraldo viveu, também, a experiência de *virar vidraça*. Dentro do governo, entendendo todas as aflições dos realizadores e as da máquina pública de um governo esfacelado pelos desmandos do presidente Fernando Collor de Mello, Geraldo se desdobrou para agradar a todos e, pela primeira vez na vida, apelou para calmantes para dormir.

No livro, Geraldo, além de nos revelar detalhes de sua vida e carreira, expõe sua experiência de professor e de diretor acostumado a filmar em locações no Planalto Central. Dá dicas para os novos realizadores e para todos aqueles que sonham desbravar nas telas o interior do Brasil. O cineasta aproveita para provocar o debate quanto a questões polêmicas como o que é pirataria e o drama da exibição em sala de cinema. Cita a experiência de *No Coração dos Deuses*. Lançado com 28 cópias por uma grande distribuidora, o filme ficou com um prejuízo de R$ 300 mil. Teve, entretanto, 150 mil expectadores em projetos alternativos em todo o Brasil. Poderia ter lucrado se as exibições não tivessem sido gratuitas.

Preste atenção na defesa que Geraldo Moraes faz da produção cultural independente no Brasil. Ele se revolta com aqueles que colocam boa parte da produção independente no mesmo universo dos produtos pirateados. Contrário à pirataria, o diretor entende que os excluídos dos shoppings conquistaram seu mercado na rua, nos postos de gasolina, nas pequenas lojas Brasil afora com produtos que chegam à população de baixa renda e se comunicam com ela sem a necessidade de passar pelo crivo de críticos ou da grande mídia.

Geraldo é autor de obra obrigatória para todos aqueles que querem entender um pouco mais do Brasil: *A Difícil Viagem*. Estrelado por Paulo José, o filme narra a história de um homem urbano que tenta reestruturar sua vida no interior de Goiás. O engenheiro Evandro conhecia o Brasil apenas dos livros. Tenta impor suas teorias. Ao perceber que elas não funcionam com o povo, entra em parafuso até que, com ajuda daqueles moradores que antes esnobava, reencontra o gosto pela vida, pelo Brasil, por ele próprio. O filme é uma metáfora do que o Brasil vivia no início dos anos 80. Confunde-se também com a própria trajetória de Geraldo Moraes. Quando o cerco da ditadura apertou, ele se "exilou" no interior do Brasil, onde refez sua vida e descobriu seu cinema.

Klecius Henrique

Capítulo I

Nascido sob as Bênçãos de São João

Nasci em Santa Maria (RS), numa fria noite de São João. Um dia me disseram que sou filho de Xangô e Iansã, canceriano com ascendente em Áries. Botei a cara no mundo na casa de meus avós maternos. O parto feito por vovô Francisco, que era médico. Santa Maria é uma bela cidade bem no meio do Rio Grande do Sul e era na época um entroncamento ferroviário. Pouco depois de nascido, meus pais mudaram para Palmeira das Missões e depois para Porto Alegre.

As famílias de meus pais tinham terras na região e mantinham as tradições rurais, entre elas a de ter muitos filhos. A avó materna, Iriema (vovó Iaiá), teve ao todo 17 e batizou todos com nomes de santos. Como preferia alguns, se deu ao luxo de ter um Francisco Xavier e um Francisco de Assis. Quando eu vim, ela queria que eu tivesse o nome do santo do dia, mas minha mãe insistiu em Geraldo, parece que por promessa, e assim eu só herdei de São João a tradição de uma festa junina nos meus aniversários. A família do meu pai foi mais modesta e todos tiveram seis filhos, inclusive ele. E eu não quis contradizer esse hábito.

Sou o filho mais velho de minha mãe, que teve mais três filhos: Aurélio e Gisela, que moram em Porto Alegre com suas famílias, e Fábio, o mais moço, já falecido. Do meu pai, mais dois irmãos de um primeiro casamento: Sônia, que mora entre Porto Alegre e Alegrete com o marido e os filhos, e Antonio Augusto, também falecido.

Fábio Moraes, meu pai, era advogado por formação, fazendeiro por vocação e político por fatalidade histórica: como a maioria dos gaúchos de sua época, seguia Getúlio Vargas. Foi secretário de governo e prefeito de Palmeira das Missões (RS). Ele me queria advogado e tive com ele dois atritos maiores: eu queria fazer cinema e tinha idéias de esquerda inaceitáveis para um getulista convicto como ele. A pressão funcionou e me formei em Direito; a minha vontade predominou e entreguei o diploma para a família no dia da formatura. Nunca advoguei e sequer fiz o exame da OAB.

Com meu pai aprendi que política é coisa séria e serviço público um serviço ao público. Ele gostava de ler e essa preferência pela literatura me influenciou muito. Tive a sorte de pertencer a uma geração leitora e crescer com uma biblioteca muito boa em casa. Os pais dele, vovô Tancredo e vó Belinha, não tinham qualquer crença religiosa, eram positivistas, de princípios rígidos e poucas palavras. Guardo deles poucas lembranças e o amor à terra, de onde nunca saíram para qualquer viagem.

A grande alegria do meu pai era ir sozinho ou com a família para o interior, andar a cavalo, caçar perdizes e conversar com as pessoas nas fazendas. Colecionava histórias, que contava com gosto e humor. Eu, desde menino, gostava de viajar com ele, momento em que curtíamos a vida livre da fazenda e podíamos conversar mais tempo.

Nas noites frias de inverno, as reuniões no galpão da fazenda eram para mim um momento mágico. O galpão era um grande depósito com um amplo espaço no meio, dominado por um fogo de chão que ficava aceso por todo o inverno. À noite, todos os que viviam e trabalhavam na fazenda sentavam ao redor do fogo para se aquecer, comentar e planejar as tarefas da fazenda e contar histórias. No centro, o fogo; ao redor, um círculo de cachorros – eram uns 20 – que se aqueciam e esquentavam nossos pés. A gente sentava num círculo mais aberto e enfiava os pés debaixo dos cachorros.

Toda noite, rolavam histórias de guerras e assombrações. Um tinha visto a mula-sem-cabeça, outro encontrou um saci, o terceiro deu garupa no cavalo para uma bela mulher que desceu no cemitério porque tinha morrido há 20 anos... Menino ainda, eu era mandado mais cedo para a casa, que ficava a uns 30 metros do galpão. Eu tinha de atravessar um pomar para entrar pela porta dos fundos. Nas noites de lua de cheia, depois de ouvir aquelas narrativas, cada sombra do luar era uma ameaça que eu enfrentava com o coração aos pulos de emoção e medo.

Capítulo II

O Suicídio de Getúlio

A grande tristeza do meu pai foi a morte de Getúlio Vargas, um dia que ficou na minha memória. Morávamos em Porto Alegre e eu, adolescente, estudava no Colégio Anchieta, no centro da cidade. Lembro perfeitamente que um padre entrou na sala de aula, contou que o presidente teria se suicidado, disse que as aulas estavam suspensas e todos deveriam para casa. O lugar onde eu pegava o ônibus era o Viaduto Borges de Medeiros e logo acima dele ficava a Rádio Farroupilha, emissora dos *Diários Associados* que na época movia campanha contra Getúlio Vargas. Enquanto esperava o ônibus, vi uma multidão colocar fogo na Rádio Farroupilha e jogar máquinas, papéis e equipamentos do alto do prédio, viaduto abaixo. Na rua, uma multidão descia a avenida chamando todos para queimar as Lojas Americanas *porque os americanos derrubaram Getúlio*. Muita gente chorava nas ruas e quando cheguei em casa, o ambiente era de consternação total. Meu pai chorava.

Minha mãe, Inês, era farmacêutica e faleceu há pouco, depois de vários anos em que a memória e os movimentos foram cessando a cada dia.

Se o pai me transmitiu princípios; dela aprendi os fins: filha de uma família profundamente religiosa, passou para mim a imagem de um Deus bom e generoso, herdada de meus avós, e o sentimento de que a vida vale a pena.

Quando íamos a Santa Maria, lembro dela e da vovó Iaiá levantando todos os dias às seis da manhã para assistir à missa. O portão dos fundos da casa da minha avó era ligado à Catedral para que ela pudesse entrar na sacristia, preparar as flores do altar, assistir à missa e receber a comunhão. Numa época em que a carolice era sinônimo de moralismo e sofrimento, a religiosidade dela e da família era otimista e brindava a vida.

Quando as filhas começaram a namorar, minha avó chamava os rapazes para dentro de casa e os cobria de agrados. Numa cidade do interior, meados do século passado, quando namorar no portão já era um sinal de progresso, as senhoras amigas acharam isso um péssimo exemplo e foram falar com ela. Minha avó ouviu as críticas e só fez um comentário:
– *Quem beija minhas filhas adoça minha boca.*

Vovô Francisco marcou minha infância por sua tranqüilidade e o gosto pelas reuniões de amigos e familiares. Levantava cedo e tomava café-da-manhã na companhia de um papagaio que lhe pedia *café com cuca*. Médico, ele atendia ricos e pobres com a mesma atenção, mas só cobrava dos primeiros. Por isso diariamente aparecia um caboclo trazendo verduras, ovos, frutas ou galinhas em agradecimento pela cura.

Ele e minha avó gostavam de viajar. Ele estudou no Rio de Janeiro e na Europa. Os filhos e filhas aprenderam e a maioria foi morar em outras cidades.

Um dia, meu avô sentiu sintomas de um sério problema cardíaco. Esperou a noite e quando todos estavam reunidos comunicou: se fizesse um rígido regime, viveria mais dois anos, se continuasse a comer churrasco de carne gorda e bebendo vinho e cerveja duraria um semestre. E disparou a pergunta:
– *Vocês preferem viver mais seis meses com um homem feliz ou suportar por dois anos um velho mal-humorado?*

A família deixou a decisão para ele. Meu avô foi enterrado seis meses depois.

Capítulo III

O Cinema de Seu Bataglia

Fui para Palmeira das Missões quando meu pai foi nomeado prefeito. Lá comecei a tomar consciência da vida, tinha uns cinco/seis anos de idade. Depois, retornamos para Porto Alegre, mas nunca perdi o contato com o interior. Uma imagem da minha infância é a viagem de trem para Santa Maria, no *Maria Fumaça*. Levava horas, uma aventura para qualquer garoto.

Quando chegamos a Palmeira das Missões, a cidade não tinha luz elétrica. Com a luz elétrica, claro, veio o primeiro cinema, de um italiano chamado Seu Bataglia. A usina de eletricidade ficava no alto e o cinema numa baixada da cidade. A eletricidade só era fornecida à noite e, às vezes, liberada para o cinema ou para o hospital durante o dia. A meninada comprava ingresso e ficava na frente do cinema esperando uma sirene anunciar que a energia seria ligada. A gente invadia a sala para ver filmes de faroeste e os brasileiros da época. Não lembro qual o primeiro filme que vi, mas recordo de um seriado: *O Cavaleiro Vermelho*, que me deu a primeira prova da importância que o cinema teve para a minha geração.

Cada sábado, passava um episódio, como nas novelas, e nós, garotos, gastávamos a semana tentando imaginar como o herói iria se salvar da enrascada da semana anterior.

A semana que precedeu o último episódio foi de especulações: finalmente iríamos saber quem era o *Cavaleiro Vermelho*, cuja identidade era mantida em segredo atrás de uma máscara. No sábado, desde cedo ficamos esperando a sirene anunciar o começo da projeção. E notamos a falta de um dos nossos amigos. Vimos o filme sem ele e, quando saímos do cinema, pais e mães estavam na porta para comunicar que o pai do garoto tinha falecido. Fomos convocados para o velório e nos ensinaram que deveríamos chegar sérios e dar os pêsames ao amigo. Na chegada, nosso amigo esperava na frente da casa. Fomos cumprimentando, um a um, com a cara séria e a voz baixa como tinham nos ensinado. Quando chegou lá pelo décimo da fila, o garoto não resistiu mais:

– Tá bom, tá bom, todo mundo já me deu *os peso*. Agora me diz quem era o *Cavaleiro Vermelho*.

Capítulo IV

Contrabando Golpeado pela Sorte

Um dos objetivos políticos do meu pai em Palmeira das Missões era impedir o contrabando de pneus, artigo de primeira necessidade em época de guerra que entrava ilegalmente pela fronteira gaúcha. Sabia-se que os caminhões passavam pela região, mas não se conheciam as rotas nem quem estava envolvido. A prefeitura investigava, mas tinha poucas informações e meu pai dependia da sorte. Ela veio numa noite de chuva.

Palmeira das Missões fica numa região acidentada e na serra, num morro alto, havia uma estradinha estreita que dava acesso à fronteira. Durante a noite, desceu a serra um comboio de caminhões trazendo pneus da Argentina. No meio da chuvarada, o caminhão da frente atolou e quebrou a ponta do eixo, retendo todo o comboio na estrada lamacenta. Quando a cidade acordou, o carregamento de pneus se exibia na paisagem do morro, na carroceria dos caminhões impedidos de voltar ou de seguir viagem.

Capítulo V

Na Escuridão da Segunda Guerra Mundial

Minha infância foi em Porto Alegre, onde morávamos, e no interior, para onde íamos várias vezes por ano. Vivi uma paranóia gaúcha da época, o medo de uma invasão alemã. Apesar de sermos amigos de muitos imigrantes que viviam no Rio Grande do Sul, havia denúncias da presença de espiões na colônia. Toda vez que um avião se aproximava à noite, as sirenes tocavam e a cidade ficava completamente às escuras. Temia-se uma invasão aérea e o bombardeio de aviões de Hitler e não se podia se acender uma vela. Lembro das tantas vezes que a gente ficou em casa, no escuro e no medo, enquanto a guerra se desenrolava longe das nossas cobertas.

Morávamos no bairro da Glória, onde o mundo chegava assim, através das sirenes, do rádio, dos jornais que meus pais liam diariamente e dos livros da biblioteca. Em suas estantes estavam Dostoievski, Poe, Victor Hugo e, muito valorizada na casa, boa parte da literatura brasileira, todo o Machado de Assis, Érico Veríssimo, a literatura regional de Simões Lopes Neto, José Lins do Rego.

Embora tivesse irmãos, minha situação intermediária entre os mais velhos do primeiro casamento do meu pai e os mais novos que vieram depois me levou a aprender muito com a turma do bairro e os livros, o futebol e a escola, os filmes e as namoradas. Já adolescente, fiquei mais próximo de Antonio Augusto – o Duto – meu irmão mais velho. Embora usasse uma cadeira de rodas devido à paralisia que contraiu aos sete anos num surto que afetou a cidade, ele rodava com um grupo de amigos pelos arredores de Porto Alegre e nas idas para o interior. Fomos companheiros de futebol – apesar da incompatibilidade entre *colorados* como ele e *gremistas* como eu – e com ele conheci as primeiras noites da boemia que ele freqüentava. Logo depois, passei a ter mais proximidade com os irmãos mais novos. A identidade ideológica, a política estudantil, o cinema e outros gostos comuns me fizeram então mais companheiro de Aurélio – o Lelo – e Gisela. Permanecem morando no Sul, mas continuo ligado a eles como se a distância não existisse. Pela diferença de idade, tive menos contato com Sônia, a mais velha, que casou e foi morar em Alegrete, e Fábio, o Fabinho, mais novo, mais tímido e cada vez mais concentrado no cartório onde trabalhava.

Aos 14 anos já era um cinemaníaco. Um dia comentei com meu pai que achava estranho o Brasil não fazer filmes que contassem a sua História, a nossa Conquista do Oeste. No dia seguinte, ele me deu de presente uma coleção de livros do Paulo Setúbal, escritor que dedicou sua vida à pesquisa das Bandeiras e reconstituiu muitos episódios em romances que me encantaram.

Anos depois, quando meus filhos mais novos André (Moraes, músico e autor da trilha sonora de *Lisbela*, entre outros) e Bruno (Torres, diretor do curta-metragem *O Último Raio de* Sol e também ator) eram adolescentes, os dois me disseram o mesmo quando viram *Indiana Jones*. Percebi que era hora de filmar as Bandeiras, escrevi o roteiro de *No Coração dos Deuses*, meu terceiro longa-metragem.

Capítulo VI

O Choque do Primeiro Elia Kazan

Dois filmes mudaram minha visão do cinema e me levaram a decidir que eu não queria ser apenas espectador. Eu ia muito ao cinema, via a programação normal da época, faroestes, comédias com Oscarito, os filmes da Vera Cruz...

Um dia, eu fui ao Cine Castelo, que existia no bairro da Azenha. A cópia do filme da tarde não apareceu e então passaram o que estava sendo exibido à noite. Levei um susto, o filme tratava de preconceito racial, um assunto completamente diferente do que eu via nos programas da tarde, e era narrado de uma forma direta, como eu nunca tinha visto.

Foi uma experiência perturbadora, uma revelação, mostrou que havia outros tipos de filmes. Pela primeira vez o cinema me fez perder o sono...

Anos depois, localizei o filme: era *Pinky*, de Elia Kazan, que aqui teve o título de *O Que a Carne Herda.* Ele despertou em mim uma curiosidade enorme e comecei a ler tudo sobre cinema. Devorei todas as teorias, o *Tratado de Realização Cinematográfica*, de Leon Kulechov, por exemplo, virou livro de cabeceira.

Passei a ler críticas e fui atrás de mais informações. Descobri, então, o cineclubismo, que na época era um movimento muito importante em todo o Brasil. No Sul havia vários cineclubes, dois na capital: o Clube de Cinema de Porto Alegre, dirigido por P. F. Gastal, legenda do cinema gaúcho e um dos fundadores do Festival de Gramado, e o Cineclube ProDeo, ligado aos católicos, seu presidente era o crítico Humberto Didonet. Graças a eles passei a ver os clássicos, acompanhar o Neo-Realismo italiano, a *Nouvelle Vague* francesa. Foi realmente um curso prático, num ambiente em que se debatia cinema. Lá conheci Hiron Goidanich e Fernando Peixoto, homem de teatro que eu adolescente estava começando a admirar.

Paulo Emílio, Almeida Salles, Hélio Furtado do Amaral eram pessoas com quem tínhamos contato direto, eles iam muito ao Sul, ofereciam cursos e oficinas. Hélio é menos conhecido, mas teve importante papel na formação de toda uma geração de cineclubistas da época e, no meu caso, foi quem abriu minha visão para a linguagem do cinema. Ele viajava ensinando cinema, fazia um trabalho que ele próprio chamava de *apostolado* cinematográfico. Um curso marcante para mim foi o que ele fez em cima de *Van Gogh*, um curta-metragem de Alain Resnais. A gente viu dezenas de vezes o filme e o Hélio chamava atenção para como foi feita uma obra-prima em preto-e-branco sobre um mestre da cor.

O Hélio fazia parte do histórico grupo de críticos do *Estado de S.Paulo,* com Paulo Emílio, Rubem Biáfora, Flávio Tambellini, Almeida Salles e Walter Hugo Khouri, o garoto prodígio da época, chamado de Bergman brasileiro porque foi ele quem chamou a atenção para o surgimento de Bergman e procurou seguir seu estilo.

Hélio Amaral trabalhava no governo do Estado de S.Paulo quando faliu a Vera Cruz. Algum tempo depois, ele foi nomeado administrador da massa falida da empresa. Foi criada então a Brasil Filme, sucessora da Vera Cruz, que produziu o segundo filme de Khouri (*O Estranho Encontro).* Um dia, ele conseguiu para mim e um grupo de cineclubistas um estágio nos estúdios da Vera Cruz/Brasil Filme, onde o Khouri estava filmando *A Ilha.* Foi meu primeiro contato com a prática do cinema. Voltei para Porto Alegre e trabalhei na equipe de um curta-metragem chamado *O Último Golpe*, dirigido por João Carlos Caldasso. Ganhei então meu primeiro prêmio, o de melhor roteiro, num festival local. O prêmio foi uma filmadora 16mm GIC, francesa, de corda, oferecida por Álvaro Guaspari, um empresário gaúcho que adorava cinema. Há poucos anos, doei a câmara para o museu que Vladimir Carvalho mantém com amor e sem dinheiro em Brasília, o Cine Memória.

Foi então que o cinema tirou meu sono pela segunda vez, quando vi *Noites de Circo*, de Ingmar Bergman. Durante a projeção houve um momento de passagem para mim, quando de uma forma muito espontânea passei para a segunda leitura do filme. Comecei a perceber que ele dizia mais do que estava mostrando, que Bergman não apenas contava uma história, mas mostrava uma visão de mundo. Aquelas imagens ficaram na minha cabeça, não dormi a noite inteira, acordei ainda mais decidido a fazer cinema.

Fui rato de cineclube até entrar na universidade. Adquiri o hábito de ver inúmeras vezes o mesmo filme, um dia para estudar a estrutura do roteiro, outro a luz e a cenografia, depois a montagem. Lembro de ter feito isso com vários filmes de Jean Renoir, como *A Grande Ilusão*, com *Um Condenado à Morte Escapou*, de Robert Bresson, *Outubro,* de Sergei Eisenstein...Muitos documentários foram marcantes, fiquei comovido com a poesia de *O Homem de Aran*, de Robert Flaherty. Ia para o cinema com uma caderneta e passava a projeção fazendo anotações no escuro que depois eu tentava decifrar.

Capítulo VII

O Primeiro Passo: a Crítica Cinematográfica

Numa época de intensa atividade cultural – o final dos anos 50 –, nós éramos um grupo de jovens inquietos e contestadores: Roberto Costa Fachin, Lio Cesar Schmit, Ivo Barbieri e eu. Fomos parar na crítica, escrevendo para o *Diário de Notícias*, dos *Diários Associados*, o que nos levava a assistir tudo o que aparecia nos cinemas. Não se via só obra-prima. A gente pegava a programação da semana e via de Tom e Jerry a filme de piratas. Como tinha enorme prazer em ver cinema, a crítica me libertou de muitos preconceitos, mostrou que não era minha função transformar o espectador em um intelectual que só via Bergman.

A base da minha formação ocorreu nesse período, vendo os clássicos que passavam nos cineclubes, os faroestes e musicais norte-americanos, os filmes da Atlântida e da Vera Cruz. Havia salas espalhadas por toda a cidade e a distribuição ainda não era o oligopólio de hoje, de modo que também podíamos ver filmes italianos, franceses, suecos, mexicanos, argentinos...E daí para frente se completa toda a série de influências bebidas em tantas fontes por toda a minha geração: Bergman e John Ford, Eisenstein e Rosellini, Orson Welles e Godard, Chaplin e Resnais, Wyler e Fellini. E Oscarito e Grande Othelo, Humberto Mauro e a Vera Cruz, eu não perdia filme brasileiro.

Vi quase tudo o que se exibia nessa época, mas esses diretores e filmes que citei até aqui eram os que eu mais admirava. *A Estrada da Vida*, de Federico Fellini, assisti mais de 20 vezes. No cineclube, tive a sorte de ver os curtas de Alain Resnais, o que foi muito marcante.

Lá pelas tantas, insatisfeitos com o que considerávamos o convencionalismo dos outros cineclubes, nosso grupo criou um terceiro, o Centro de Cultura Cinematográfica de Porto Alegre, que atuava principalmente nas universidades. E deixamos a crítica de jornal, fruto de uma crise estética e ideológica que tinha a ver tanto com nossos ideais pessoais como com a efervescência que o cinema, o Brasil e o mundo começavam a viver.

O cinema estava mudando, os filmes passaram a ter maior diversificação temática, a tratar de tantos assuntos que era impossível abordá-los. Enquanto o cinema era essencialmente narrativo, ou mesmo pictórico, nós críticos tínhamos condições de fazer uma análise sucinta numa coluna de jornal; mas agora entrava em cena a *autoria*, o *camera stylo* mostrava que o cinema era uma linguagem muito mais rica, que podia fazer filosofia e o que mais interessasse, como a literatura. A *Nouvelle Vague* seduziu a minha geração. A teoria e a prática do cinema de autor transformaram nossa visão da obra cinematográfica e passava a exigir outro tipo de conhecimento. Não bastava mais ter uma formação essencialmente cinematográfica, e mesmo que tivéssemos alguma informação musical, algum conhecimento de pintura e literatura, isso era cada vez mais insuficiente. Um dia era pouco para digerir tudo e aquela coluna no jornal ficava pequena demais...

Quando foi lançado *O Ano Passado em Marienbad* (Alain Resnais), falei com o editor que era ridículo escrever 30 linhas sobre o filme e que, para criticar, eu precisava conhecer mais literatura francesa. Alguém sugeriu que eu fizesse como muita gente boa e resumisse as críticas do *Cahiers du Cinéma*. A experiência na crítica diária terminou aí e o Centro de Estudos Cinematográficos durou até que outras questões assumiram o primeiro plano.

Capítulo VIII

A Guerra que Não Houve

Estávamos na passagem dos anos 50 para os 60. Alguns de nós estavam se formando. Eu estudava Direito na PUC de Porto Alegre. O curso de Direito era por excelência o curso de Humanidades da época, formava não só advogados, mas políticos, escritores, administradores, num país que sempre foi muito o país dos bacharéis. Líamos de tudo e acima de tudo a vanguarda na época, como Celso Furtado, um dos nossos ícones. Em plena fase em que especialmente a Europa tomava conhecimento do que se chamou de terceiro mundo, aqui o que mais se estudava era o Brasil, nossa condição de subdesenvolvidos.

Os debates culturais logo se tornaram discussões políticas e, dos cineclubes, eu fui para a militância estudantil. Estudante de uma universidade católica, com toda a minha tradição familiar, logo me aproximei da JUC, a Juventude Universitária Católica, movimento que disputava com a juventude do Partido Comunista a liderança da esquerda estudantil. O *Cahiers du Cinéma* deu lugar a Karl Marx. Na cabeceira, Teilhard de Chardin convivia com Lênin.

Minha entrada na militância estudantil foi um passo natural num momento em que o país inteiro era um grande debate político e a universidade um laboratório de idéias. Eu não tinha a menor pretensão de assumir qualquer cargo no movimento, mas participava da maioria dos debates e logo estava atuando no Centro Acadêmico. Quando os colegas Francisco Ferraz e Hélgio Trindade foram eleitos para a direção da União Estadual dos Estudantes, me chamaram para ser Secretário-Geral da UEE gaúcha.

O movimento estudantil vivia uma fase de radicalização e, portanto, de aglutinação de tendências. Como a Juventude Estudantil Católica (JEC) e a Juventude Universitária Católica (JUC) eram muito ligadas à Igreja e volta e meia batia cabeça com a hierarquia, vários militantes decidiram criar um movimento político independente – que, na época, foi conhecido como a esquerda católica. Alguns dos principais líderes eram Betinho, Paulo de Tarso Santos, Haroldo Costa, Aldo Arantes, Maria Auxiliadora – Dodora, que casou com Aldo logo depois–, e Maria Angélica – com quem casei em 63. A presença das mulheres no movimento estudantil era muito forte: Angélica, Dodora e Nazaré Pedrosa, entre muitas outras, tinham ativa e decisiva militância, precedendo o feminismo que viria pouco depois.

Eram comuns os namoros, mas geralmente dentro de cada facção ideológica e vividos no ritmo e no clima da agitação política. Os mais radicais e racionais agiam como verdadeiros ascetas, evitando envolvimentos que poderiam *atrasar a revolução*... Mas o ascetismo não era assim tão resistente ao charme das colegas e logo um sorriso derrubava as convicções e a maioria dos casamentos reuniu colegas de militância. Num momento de subversão de todos os valores, logo o amor à revolução gerou a revolução no amor, mudaram os padrões de relacionamento dentro e fora da família. Eram os primeiros e ainda tímidos passos do que viria no final dos anos 60 e do que fomos cobaias.

Nosso principal ideólogo era o mineiro Padre Henrique de Lima Vaz. As idéias dele eram divulgadas em textos que passavam de mão em mão para que os bispos não tomassem conhecimento. As discussões eram permanentes, as reuniões intermináveis e numa delas, realizada em Belo Horizonte, nasceu a Ação Popular. Fui um dos fundadores da AP, assim como o grupo de que citei há pouco e também Cosme Alves Neto, depois diretor da

Cinemateca do MAM e figura insubstituível no cinema brasileiro.

Em agosto de 61, Jânio Quadros renunciou à presidência, assim mesmo, do dia para a noite. Como o episódio é conhecido, destaco que os militares não admitiam a posse do vice-presidente João Goulart (o Jango), que consideravam um perigoso comunista e estava visitando a China na ocasião. Foi preparado o golpe contra Jango. Como ele precisava entrar no território nacional para tomar posse, Leonel Brizola, governador gaúcho, avisou a Jango que ele poderia desembarcar em Porto Alegre e lá mesmo assumir a presidência.

Eu estava no último ano da faculdade e prestava o último mês de serviço militar em Porto Alegre, onde fica a sede do III Exército. Quando o comandante do III Exército decidiu que daria apoio à posse de Jango no Sul, os militares adversários de Jango ameaçaram deslocar tropas para atacar o Rio Grande do Sul. Porto Alegre virou praça de guerra. Brizola convocou o povo pelo rádio, mobilizou a Brigada Militar, milhares de pessoas vinham de todo o interior, gaúchos armados de espingarda e facão percorriam as ruas, prontos para resgatar o velho espírito revolucionário e separatista gaúcho.

Lembro o dia em que quase entrei na guerra... Estava no quartel quando chegou a ordem para nos deslocarmos imediatamente para defender a fronteira com Santa Catarina. A notícia da ordem espalhou-se pela cidade, o povo foi para frente dos quartéis, numa manifestação que me emociona até hoje quando lembro. O Sul virou uma imensa unanimidade e meu pai era um bom exemplo do espírito que dominava a todos. Ele tinha rompido com Brizola e Jango, achava que o esquerdismo deles era um imperdoável desvio ideológico do trabalhismo de Getúlio Vargas. Mas o legalismo dele falou mais alto: o vice-presidente tinha sido eleito, a Constituição precisava ser obedecida e ponto final. Meu pai esqueceu as divergências e foi participar das articulações. Além disso, é claro, Jango era gaúcho...

Os caminhões chegaram ao quartel, nos preparamos para embarcar no meio da multidão que se despedia dos seus novos heróis. Cena de cinema: quando fui subir no caminhão, lembro de minha mãe dando adeus no meio do povo, aos prantos, eu não tinha podido nem ir em casa para pegar uma roupa...

Saímos, rodamos algumas ruas e fomos levados de volta para o quartel: o velho espírito conciliador e casuísta brasileiro tinha prevalecido, Jango aceitava ser presidente num regime parlamentarista e a oposição militar garantiria a posse dele.

No III Congresso Nacional da Federação dos DD AA das Faculdades Católicas do Brasil, Fortaleza, 1959 (ao centro da foto)

No XXV Congresso Nacional dos Estudantes, 1962 (com chimarrão na mão, primeira fila)

Capítulo IX

O Militante Estudantil

Fui eleito vice-presidente da UNE, na gestão cujo presidente foi o Vinícius Caldeira Brant, de Minas Gerais. A UNE, graças à sua histórica mobilização, era uma das entidades mais ativas de então. A gestão anterior, de Aldo Arantes, foi de intensa militância, o que fez dele uma das presenças marcantes da política brasileira. Lembro de um episódio conduzido por Aldo, que vivi muito de perto, que foi a luta pela participação de um terço dos estudantes nos órgãos colegiados das universidades. A famosa *greve de um terço* parou as universidades de todo o país, numa época em que eram precárias as comunicações entre as várias regiões, e me deu a consciência da força do movimento estudantil.

Faziam parte da diretoria do Aldo o Marco Aurélio Garcia e o Roberto Amaral, que é dirigente do PSB, foi ministro da Ciência e Tecnologia e a quem fui reencontrar mais tarde quando Antonio Houaiss formava a sua equipe no Ministério da Cultura.

Da nossa diretoria participavam o paraense Paulo Klautau, o alagoano Roberto Mafra, o pernambucano José Marcionilo, o cearense Aytan

Sipahi, o baiano Caó - Carlos Alberto Oliveira e o Brandão Monteiro, do Rio; os dois últimos foram depois secretários do governo Brizola.

Fui para a UNE de forma curiosa. Eu estava na secretaria-geral da UEE e fui coordenando a bancada gaúcha para o congresso da UNE realizado no Hotel Quitandinha, em Petrópolis (RJ). Esse congresso ficou famoso por vários incidentes. Entre eles, um ataque do CCC (Comando de Caça aos Comunistas), em que um colega nosso teve um pedaço da orelha decepado por um tiro. Nas articulações que resultaram na escolha de Vinícius Caldeira Brant, fui eleito vice-presidente.

Saí de Porto Alegre para participar de um congresso e uma semana depois estava morando no Rio de Janeiro. Ocupei a vice-presidência de assuntos culturais, que trabalhava diretamente com o CPC, o Centro Popular de Cultura da UNE. Sucedi a Carlos Castilho, jornalista e grande amigo até hoje. Cheguei no período mais intenso das discussões políticas na área cultural, do cineclube engajado, do Teatro de Arena, da UNE Volante, Bossa Nova e Cinema Novo.

Tinha reuniões semanais com a turma do CPC. Faziam parte do grupo Leon Hirszman, Oduvaldo Viana Filho, Armando Costa, Carlos Estevam – que coordenava o CPC – e, às vezes, Carlos Lyra.

Quando aceitei minha indicação, pensei em continuar ligado ao cinema, mas o momento que o Brasil vivia e a presença da UNE na agitação política do início dos anos 60 deixavam pouco espaço para preferências pessoais.

O Rio de Janeiro era o grande tambor desses movimentos, Brasília apenas começava a se impor como capital política. O Brasil era um caldeirão, a radicalização política e ideológica atingia praticamente todos os setores. No campo, os proprietários rurais se organizavam enquanto as ligas camponesas lutavam pela reforma agrária; nos grandes centros, os sindicatos tinham influência cada vez maior e o poder econômico criava instrumentos de ação política como os famosos IPES e IBAD, institutos que a direita criou e foram laboratórios do golpe de 64. A renúncia de Jânio e a posse de João Goulart na presidência envolveram praticamente o país inteiro no debate político e criaram o ambiente que faltava para um conflito que parecia cada vez mais iminente. Com Jango na presidência, a esquerda achou que a revolução era possível e o socialismo estava próximo.

A direita pensou a mesma coisa.

O movimento estudantil tinha uma relação muito grande com os demais movimentos sociais e a sociedade em geral. Havia a Frente Operário-Estudantil e o PUA (Pacto de Unidade e Ação) com o compromisso de que as entidades de estudantes e de operários atuariam juntos caso um dos dois precisasse de apoio. Eram raras as questões sociais e políticas em que o movimento estudantil não se envolvia. Recordo o aumento do preço do transporte coletivo do Rio de Janeiro. Quem mais brigou foram os estudantes, que foram para rua, fizeram barricadas, impediram o tráfego de ônibus e enfrentaram a PM. Saíamos para fechar as ruas do centro do Rio e muitos levando no bolso bolinhas de gude para jogar no asfalto e impedir o ataque dos cavalos da polícia.

Nós morávamos na sede da UNE, naquele prédio famoso da Praia do Flamengo, 132, mais tarde criminosamente incendiado. Havia o teatro, as instalações da UNE e um sótão onde foi adaptada uma república. Referência para estudantes de todo o Brasil, todo dia chegava alguém de algum Estado para se somar à luta política e pedindo um canto para ficar. Um dia, eu descia a escadaria e fui procurado por um baixinho recém-vindo não me lembro de onde. Ele se apresentou como *Gegé* e foi recebido na casa. Hoje, *Gegé* é o conhecido jornalista Chico Dias, grande amigo.

Éramos dez dirigentes, cada um de um Estado. Quando a gente fazia qualquer tipo de protesto, o governo de Carlos Lacerda ameaçava invadir a sede das UNE, o que realmente aconteceu algumas vezes. Nós tínhamos um contato que nos avisava quando havia possibilidade de invasão. Mais de uma vez, fomos avisados que tínhamos 15 minutos para sair. Eu mantinha debaixo da cama uma maletinha com uma muda de roupa, escova de dente e uma toalha. A gente saía correndo e esvaziava a sede. Quando a polícia chegava não havia ninguém. E nossos esconderijos eram estratégicos, geralmente íamos para apartamentos de colegas filhos de militares ou de pessoas ligadas ao governo do Estado, locais em que ninguém iria nos procurar.

Capítulo X

O Poder da UNE dos Anos 60

A importância da UNE pode ser medida por dois episódios. Quando Jango já era presidente, ele chamou a nossa diretoria para uma audiência. Fomos Vinícius e eu. Estávamos na ante-sala da Presidência da República e havia um grupo de senadores, também esperando audiência. Eles acharam muito estranho aqueles meninos esperando para falar com o presidente e perguntaram quem éramos. Com a timidez que só ele tinha, Vinícius disse que tínhamos sido recém-eleitos para a UNE e ele era o novo presidente. Um dos senadores levantou, nos abraçou e falou para o Vinícius: "Meu filho, você tem consciência de que é uma das dez pessoas mais influentes da política brasileira no momento?". Vinícius, que era o mais garoto da diretoria, não deve ter dormido naquela noite.

Logo depois, houve uma crise política e caiu o Ministro da Educação. Era época da UNE Volante. Os diretores se revezavam entre viajar pelos Estados e ficar na sede. Eu estava na sede, na presidência, quando veio um telefonema de São Paulo. Era um senhor muito educado, que se dizia homem de confiança do governador paulista e queria falar com a UNE com urgência. Não adiantou o assunto, mas insistiu tanto que fui a São Paulo.

Cheguei ao casarão onde ele morava e fui recebido com todas as gentilezas. Ele começou a falar no momento político, a crise era séria, era preciso ter muita calma, etc. Achei que ele não tinha me chamado só para ouvir aquilo e perguntei sobre a função dele. Ele ficou nervoso, destilou o seu currículo, chamando a atenção para o interesse que tinha pela educação e os problemas sociais. Insistia na gravidade do momento e na necessidade de evitar conflitos, ia por aí. À medida que o assunto avançava, ele ficava mais agitado. Vi que as mãos dele tremiam. Em resumo, chegou um momento em que ele, quase apavorado, disse que tinha sido indicado pelo governador para ser o próximo Ministro da Educação. Foi então que percebi o motivo do convite e a razão da tremedeira. Ele queria ser ministro e morria de medo de que a gente protestasse contra a indicação dele. Jurou que na gestão dele *a UNE estaria no governo*, o que não adiantou muito porque o Jango escolheu outro nome.

Nesse período, sempre que podia, e não era muito, voltava ao Sul. Era a ocasião de rever a família, discutir política com meu pai, falar sobre política com o Lelo, que atuava no meio estudantil, ver Gisela crescer, acompanhá-la em alguma festa, trocar com ela confidências sobre a vida, a família, os amores.

Capítulo XI

Na Sala de Parto do Cinema Novo

O CPC tinha acabado de fazer *Cinco Vezes Favela*, que já produzia seus frutos. Cacá Diegues estava preparando *Ganga Zumba.* Arnaldo Jabor passava por lá com um gravador na mão, preparando *Opinião Pública*. Leon é de quem me lembro mais, porque era o mais presente às reuniões, era o homem do cinema no Centro. Brilhante, cheio de teorias, um marxista radical que batia papos homéricos. O responsável pelo teatro era o Vianinha, Oduvaldo Vianna Filho, que dirigiu as peças da UNE Volante, escritas por ele e Armando Costa, iniciativa do Aldo Arantes, que levava os espetáculos e a UNE para todo o Brasil. Muitos atores conhecidos nasceram ou cresceram lá, como Antonio Pitanga, Flávio Migliaccio, Carlos Vereza. Na área de música, havia o violonista e compositor Carlos Castilho, um dos instrumentistas da Bossa Nova e quem mais compunha para os espetáculos da UNE. Ele e Carlos Lyra, que criou a famosa *Canção do Subdesenvolvido*, um dos grandes sucessos da época.

A UNE era então um pólo de atração de políticos, artistas, intelectuais, estudantes de todo o país e foi para mim uma experiência única, que vale uma vida inteira. Fazia-se política o dia inteiro e, na madrugada, íamos para o restaurante Lamas, onde os debates se prolongavam e todos os problemas estéticos e políticos eram resolvidos numa mesa de chope. Nosso objetivo era muito modesto, apenas reformar o mundo...A meta imediata era fazer do país uma nação socialista e voltada para sua identidade. Naqueles tempos em que o mundo parecia sentir as dores do parto – conflitos ideológicos, a África em afirmação da sua autonomia, a América Latina despertando – tudo parecia possível.

E o Lamas era o ponto de encontro de políticos, intelectuais, jornalistas e estudantes da época. Sem dinheiro para pagar um jantar todos os dias, contávamos com a cumplicidade de um garçom que fez história no Rio de Janeiro, o Rodrigo, também chamado de Rodrigues. Ele sempre arrumava alguma coisa para nós, muitas vezes servia melhor a mesa de um freguês para sobrar uma batatinha para a turma. Anos depois, quando ele morreu, um jornal do Rio estampou na primeira página: *Morreu o garçom dos estudantes*.

No começo dos anos 60, o Brasil era centro de debates em todas as rodas e os estudantes eram presença obrigatória nas discussões. Nos debates das entidades estudantis não havia distinção de idade ou hierarquia, quebrava-se o pau com políticos, intelectuais, reitores. Leonel Brizola, Max da Costa Santos, Neiva Moreira, Miguel Arraes, Alípio de Freitas, Márcio Moreira Alves – todos eles lideranças que fizeram história – eram presenças constantes nos debates, nas articulações e muitas vezes nos movimentos de rua. Época de grande polarização ideológica – clara divisão entre esquerda e direita – muitos debates resultavam em mobilizações e essas em confronto.

Um dos maiores agitadores era um eterno estudante secundarista conhecido como *Filósofo*, figura obrigatória em qualquer crônica da época. O apelido ele conseguiu porque tinha a mania de usar expressões rebuscadas em qualquer ocasião. Um dia, num quebra-pau que houve no restaurante do Calabouço – o famoso restaurante estudantil do Rio – estava presente um deputado carioca. Veio a polícia e começou a distribuir cacetadas em todo mundo. Vendo que não ia escapar, o deputado começou a gritar que não podia ser agredido, tinha imunidade parlamentar. Os cassetetes se aproximando, Filósofo puxou o deputado pelo braço: *Meu preclaro parlamentar, esqueça suas imunidades e fuja pra Cinelândia...*

Na Cinelândia, *Filósofo* corria da polícia. Num botequim, alguém viu e gritou *pega ladrão*. Ele ficou furioso, parou de fugir e pegou o cara pela camisa: *Ladrão, não! Comunista!* E voltou a correr.

Havia no meio dos estudantes pessoas mais velhas que eram nossas referências. Um dos nossos gurus na Ação Popular era o psicanalista Roberto Freire, recém-falecido. O papo com ele nos encantava porque saía da política e ia para a psicologia e a arte. Uma vez, estávamos conversando sobre música, ele mostrou um disquinho compacto, uma bolachinha que nos deu de presente: *Estou trazendo de São Paulo o disco de um menino que ainda vai dar muito que falar*. O disco era *Pedro Pedreiro* e o menino Chico Buarque.

Também para o pessoal da Ação Popular, o Padre Vaz é a referência obrigatória. Pena que a oposição da hierarquia da Igreja deixou inéditos seus melhores escritos. Pensador dos melhores, nós passávamos tardes inteiras com ele, que dava profundidade às nossas discussões e sempre indicava um livro importante para ler. Durante meses, peguei um ônibus para freqüentar um curso de Antropologia Cultural que ele deu em Friburgo, onde foi confinado pelos bispos.

Mas para nós, ativistas, o guru-mor era Betinho, Herbert de Souza, que muitas chamavam de *nosso Lênin*. Não participava de diretorias, não concorria a eleições, mas era exímio articulador. Várias vezes, vi Betinho mudar o rumo de uma assembléia com uma fala de três minutos.

Nosso mandato na UNE terminou no Congresso de Santo André. Depois de uma complicada articulação, foi eleito presidente um paulista, que apenas prenunciava a careca e as olheiras, chamado José Serra. Na diretoria, Nazaré Pedrosa, liderança da AP, creio que foi a primeira mulher a ser eleita para a UNE.

Com Betinho e José Serra

Esse período me deu uma visão ampla do Brasil, um país em construção. Na UNE, viajei pelo Brasil inteiro, pude ter contato com todas as regiões, conhecer uma diversidade que para mim, nascido no extremo Sul, foi uma revelação. A militância me deu uma visão do país como um todo e mostrou a necessidade de o cinema refletir isso. Poderia ter ficado no Rio de Janeiro e ter feito cinema lá. Mas, minha ligação maior sempre foi com as outras regiões, com o interior do Brasil. As viagens reforçaram essa ligação, me deram um conhecimento muito grande do país, viajei do Sul ao Amapá. E como os movimentos políticos da época tinham profundas raízes sociais, meus contatos não eram restritos ao meio estudantil.

Capítulo XII

O Apelo do Interior

Terminado meu mandato na UNE, continuei no Rio de Janeiro por um tempo e fui trabalhar em Brasília. Minhas idas a Porto Alegre eram rápidas, mal dava para ver a família. Paulo de Tarso Santos, companheiro nosso na Ação Popular, foi nomeado ministro da Educação e estava formando equipe. A nomeação dele provocou reações agressivas, pela ligação que ele tinha com a UNE. No dia da posse, *O Globo* lançou a manchete: *Os meninos no poder...*

O Paulo de Tarso levou o Betinho para o gabinete e vários de nós para implantar alguns projetos prioritários, entre eles o método de alfabetização do Paulo Freire. Angélica e eu, namorados na época, fomos trabalhar com o Lauro de Oliveira Lima, um revolucionário educador cearense que foi a Brasília para um encontro de duas horas com o ministro e ficou direto no Ministério da Educação até a saída do Paulo de Tarso.

Trabalhei alguns meses no MEC, fizemos uma emocionante experiência piloto com o método Paulo Freire em Taguatinga (DF). A idéia era implantar o projeto em todo o Brasil, plano abortado logo depois, quando Paulo de Tarso se demitiu do MEC.

Fim da fase estudantil, hora de pensar na vida, foi época dos casamentos no nosso grupo. Aldo e Dodora, Betinho e Irles casaram em Goiás e Minas; Angélica e eu em Porto Alegre. Nosso namoro já tinha história, começou quando ainda estávamos no Sul e depois foi retomado no Rio. Nós nos conhecemos em Porto Alegre, na política universitária; ela uma incansável militante de grande liderança na JUC. Casamos e fomos morar em Goiás.

Tínhamos conhecido muitas pessoas de Goiânia nas andanças da UNE, da AP, da JUC. Goiás era uma presença forte na política da época, havia pelo menos três governadores estaduais no Brasil desenvolvendo projetos sociais importantes: Brizola no Rio Grande do Sul, Miguel Arraes em Pernambuco e Mauro Borges em Goiás.

Entre as várias autarquias que criou, Mauro estava implantando o Cerne (Consórcio de Empresas de Radiodifusão e Notícias do Estado), que abrigava uma emissora de rádio, uma agência de propaganda, um jornal, um instituto de cultura popular e um departamento de cinema que estava sendo criado com a TV Brasil

Central. O Uassy Gomes da Silva, que dirigia o Instituto de Cultura Popular, me convidou para montar o departamento de cinema, vi que era a chance de voltar ao meu projeto pessoal original.

Em Goiás, trabalhei com duas pessoas que ajudaram muito na minha formação. Quem escrevia os roteiros dos documentários que fazíamos era o Alinor Azevedo, o primeiro grande roteirista da História do Cinema Brasileiro, do cinema carioca dos anos 50. Ele já estava se aposentando. Logo passei a fazer os roteiros.

O outro foi o fotógrafo Fernando Stamato, filho de João Stamato, um dos pioneiros da história do Cinema Brasileiro. Fernando era um excelente câmera, rápido, sabia como resolver problemas de filmagem em poucos minutos. Experiente, já tinha feito de tudo em fotografia de cinema. Na Segunda Guerra Mundial, Fernando ficou viúvo e entrou em depressão. Já que a vida não tinha mais sentido para ele, achou que não seria ruim ir para guerra, morrer como herói era melhor que o suicídio. Se alistou e foi com a Força Expedicionária Brasileira para a Itália. As melhores imagens que nós temos da guerra são de Fernando, justamente por que ele foi direto para o *front* de batalha, pouco se importava em levar um tiro.

Mas, como bom italiano, Fernando conheceu uma moça numa cidade italiana, se apaixonou por ela e tudo mudou. Não tinha mais sentido ficar exposto às balas inimigas, a questão agora era trazer o seu amor para o Brasil. Conseguiu dispensa e voltou a trabalhar no Brasil.

Aprendi muito com Fernando, com quem pela primeira vez peguei numa câmera. No início, ele filmava com uma velha Eyemo 35mm, legítima sobra de guerra, e eu com uma Bolex 16mm. A cada filmagem, projetávamos e ele fazia as correções. Filtros, lentes, emulsões, iluminação, tudo era novidade para mim. Decidi que só viria a fazer um longa-metragem quando tivesse dominado aquela parafernália. O Estado não tinha um laboratório e a TV passava 16mm. Montamos um laboratório improvisado, aprendi a revelar.

Stamato ficou alguns meses em Goiânia e a saudade o levou de volta para o Rio.

Fiquei sozinho no trabalho. Sem nenhum apoio técnico, passei a fazer tudo. Escrevia roteiros, filmava, revelava, montava. De vez em quando um documentário, sempre uma reportagem, auxiliado por funcionários do Cerne que colaboravam com boa vontade. Um deles, o Eurípedes, trocou uma máquina de cafezinho pelo laboratório. Passei para ele o que aprendi com

Stamato, logo depois era um dos bons profissionais da televisão. Aprendi a filmar trabalhando principalmente para a TV e a experiência como fotógrafo foi definitiva. Aprendi a filmar no interior. Sempre digo que trabalho muito mais à vontade filmando uma beira de rio do que uma sala de 3 por 4.

Capítulo XIII

A Profecia de Madame Campos

Toda semana eu viajava para algum ponto de Goiás, trazendo matérias para a televisão que se inaugurava. Registrei paisagens e inaugurações, rodeios e disputas de terras. Imagens que foram parar na TV Brasil Central, a maioria recolhida, censurada, destruída pela repressão. Muitas delas devem estar até hoje na casa de alguém, era comum colocar uma imagem no ar e alguém guardar no bolso o rolinho de filme antes que fosse recolhido.

Um dia, o CAN, Correio Aéreo Nacional, inaugurou um vôo que ligava Goiânia à região que hoje é o Tocantins. A rota incluiria algumas cidades e chegaria a Pedro Afonso, fazendo uma ligação aérea com o norte goiano e o território dos Krahô. Comitiva inaugural, muitas autoridades, avião lotado, fui registrando a viagem. De Porto Nacional, levantamos vôo depois de um pesado almoço em dia de calor. Todo mundo cochilava quando escutamos um estrondo e o avião oscilou com violência. Olhei pela janela e – lembro bem essa imagem surreal – vi uma nuvem nos envolvendo e um galho de árvore preso na asa do avião. Pelas nuvens, estaríamos no ar, mas e a árvore?... O telegrafista do CAN veio da cabine, branco como uma folha de papel, os olhos arregalados. Todos perguntaram o que estava acontecendo, ele disse: *Não tenho a menor idéia*, sentou no primeiro banco, fez o sinal da cruz e se encolheu... Segundo depois, o avião entrou em queda livre.

Sensação terrível essa, eu me percebi puxando o assento do avião para cima, como se assim pudesse evitar a queda... Mais alguns segundos, saímos da nuvem e eu vi o Rio Tocantins logo abaixo, nos esperando. O desespero durou alguns segundos. De repente, como um náufrago que encontra um galho boiando, me lembrei que poucas semanas antes eu tinha visitado minha família em Porto Alegre e minha mãe me apresentou uma senhora amiga que era cartomante. Madame Campos, como era conhecida, me fez sentar diante dela e abriu as cartas do tarô. Ela falou muito, mas na iminência de cair no rio lembrei uma frase dela: *Se você cuidar da sua saúde, vai morrer de velho: não vejo interrupção brusca na sua vida*. Essa lembrança foi imediata, me agarrei nela como à tábua de salvação, com uma certeza que só a proximidade do pior poderia me dar. Num segundo fiquei tranqüilo, Madame Campos disse que não haveria *interrupção brusca* e ponto final! Peguei a câmara e comecei a filmar. Quando poucos metros nos separavam da superfície do rio, o piloto acelerou o único motor que ainda restava funcionando. O motor diminuiu a velocidade da queda e deu um impulso no avião, que foi bater na margem do rio. Caímos em terra, com um pequeno impacto que avariou o avião, mas não feriu ninguém.

Saímos da cabine em segundos e, quando chegamos do lado de fora, vimos um caboclo se aproximando pelo rio numa canoa empurrada lentamente por um motorzinho de 8 HP. Olhamos para o alto e vimos que o avião tinha entrado numa nuvem que encobria o morro mais alto da região, um monte isolado no meio do cerrado. Por sorte, o avião não bateu de frente com o morro, mas nas árvores que ficavam no alto dele, e conseguiu ultrapassar para o outro lado do morro, onde começou a cair. O piloto olhou a cena e comentou que graças a Deus nós estávamos viajando num velho DC3, cujo desenho lhe permitia planar por muito tempo, o que reduzia muito o impacto das quedas.

O caboclo pediu socorro em Miracema, a cidade mais próxima, e, horas depois, fomos levados para lá. À noite, quando comentávamos o acidente na frente da pensão, o piloto veio da cabine de telefone e nos informou que tinha feito contato com a Aeronáutica e no dia seguinte um avião viria nos resgatar. Olhou para mim e falou que tinha me visto filmando tudo. Eu confirmei, feliz por ter sobrevivido e registrado tudo. A câmera e o filme foram, então, confiscados para o inquérito que seria aberto... Anos depois procurei recuperar, inutilmente porque era *informação de segurança de vôo*.

Trinta anos depois, eu estava procurando locações para o filme *No Coração dos Deuses* e escolhi uma área 60 quilômetros ao norte de Palmas, no Tocantins. Escolhido o lugar, percebi que ele ficava ao pé do morro mais alto da região, aquele mesmo em que o DC3 tinha se acidentado. Talvez isso explique por que amo tanto o Centro-Oeste quanto o Sul. Nasci num, renasci no outro.

Capítulo XIV

Exilado no Coração do Brasil

Em Goiás, eu continuava atuando na Ação Popular e o Brasil estava à beira de uma convulsão. Fui ao Rio de Janeiro buscar um equipamento, sondar alguém para trabalhar em Goiânia e fazer contatos políticos. Era a última semana de março de 1964.

O golpe militar nos pegou em pleno rumo da utopia. De um dia para o outro, veio o vazio, a perplexidade.

No 1° de abril, dia do golpe militar, eu estava no Rio, uma cidade fantasma só percorrida de vez em quando por algum tanque do Exército. Tudo fechado, nem farmácia ou botequim. Apesar de toda a dificuldade de contato, marcamos um encontro. Um dos pontos de referência era o prédio dos Correios e Telégrafos, no centro da cidade. Um dos diretores deu guarida para o grupo e informou que o Comandante Aragão, dos Fuzileiros Navais, permanecia fiel ao governo e preparava um foco de resistência. Ficamos lá, no telefone, preparando a nossa resistência ao golpe militar. Veja você: ficava o comando dos fuzileiros telefonando para nós, dizendo que eles iam descer de Petrópolis para levar armas para que pudéssemos fazer a resistência, pois ainda não havia uma definição do comandante do Segundo Exército, se ia apoiar o golpe ou não. Era uma confusão, o caos envolvia setores das Forças Armadas, os Estados definiam suas posições, e nós, um bando de estudantes e intelectuais, tentando fazer uma resistência...No dia do golpe, foi decretada greve geral, os próprios movimentos populares estavam desmobilizados. E estávamos nós, esperando armas e vendo passar tanques de guerra! Foi quando caiu a ficha: as armas nunca iriam entrar no Rio de Janeiro. E se viessem, o que iríamos fazer naquele prédio isolado no centro da cidade? E para completar, quem sabia lidar com armas de guerra?

Decidimos pela retirada e saímos aos poucos. Fiquei entre os últimos a sair. Na porta, Alípio de Freitas e Max da Costa Santos observavam o movimento da rua e liberavam a saída. Lembro dessa imagem até hoje. Na hora de sair, me despedi de Max e, quando fui abraçar o Alípio, que era o mais radical de todos, ele falou: *Nos encontramos nas montanhas*. Ele estava pensando em Sierra Maestra, eu voltei pra Goiás...

À noite, fizemos uma reunião de urgência para decidir o que fazer da vida e todo mundo só falava em ir para o exterior. Eu me perguntei: *E se esse troço durar 20 anos? Vou ficar 20 anos fora do Brasil?* Em vez de ir para o exterior, decidi ficar mesmo no interior. Fiquei de vez em Goiânia, no interior que me fascinou desde menino, e nunca mais pensei em mudar para o litoral.

Nessa reunião, foi montado um esquema de segurança para os companheiros que sairiam do país. Lembro que, entre outros, estavam Betinho, Angélica e também Cosme Alves Neto, que passou por episódio muito interessante.

Ele e Isa Guerra eram namorados na época e foi montado o esquema para levar os dois para fora do Brasil. Isa iria primeiro, via São Paulo, para Argentina. Já em São Paulo, houve um atraso na data da saída do Cosme, e quando chegou a vez dele, com tudo pronto para recebê-lo em Porto Alegre, ele lembrou que tinha deixado no apartamento, no Rio de Janeiro, uma agenda com os nomes e endereços de todo mundo. Cosme entrou em desespero, foi uma briga em São Paulo: todo mundo dizia que ele estava atrasado, tinha que ir embora imediatamente, e ele insistia em voltar ao Rio para pegar a tal agenda.

Fazia parte do esquema de segurança que, se alguém fosse apanhado e não resistisse, não pudesse negar seu envolvimento, deveria jogar a culpa em cima de alguém que já estava fora, no exterior. Como Cosme já tinha saído do Rio e o seu prazo de viagem estava esgotado, para todos os efeitos ele já estava fora do país. Mas Cosme não aceitou os argumentos e voltou ao Rio.

Neste meio tempo, o presidente de um Diretório Acadêmico do Rio de Janeiro, foi detido e, ameaçado, citou o nome de Cosme, liberado pela segurança do grupo. A polícia localizou o endereço e o estudante foi levado para o apartamento do Cosme. Quando chega lá, encontra Cosme no apartamento... Mas, por sorte, ele já havia colocado a agenda no bolso. Preso, Cosme é levado para o fatídico prédio da Rua Frei Caneca e, no momento de mandá-lo para a cela, os policiais pedem que ele espere um momento. Colocaram o Cosme sentado numa sala, ele viu que havia um buraco no assento da poltrona e enfiou a agenda no buraco. Seis meses depois, quando foi solto, Cosme sentou outra vez na mesma poltrona e, discretamente, resgatou a agenda...

Na época, ficamos sabendo da prisão do Cosme por outros companheiros que também foram detidos. Muito depois, em 2005, encontrei no Festival de Belém o Januário Guedes, que foi nosso companheiro em 64 e hoje é cineclubista e produtor cultural na Região Norte. Falando daqueles anos, contou da prisão dele no Rio e disse que, no momento de ser levado para a cela, viu Cosme sentado numa poltrona. Quando foi liberado, Januário comunicou a todos a prisão do Cosme, mas só em 2005 foi saber da história da caderneta.

A debandada foi geral, muita gente foi para o Chile, Argentina, Europa, alguns voltaram para seus Estados, outros sumiram e de alguns tivemos notícias, vivos ou mortos. Uma parte foi para os movimentos clandestinos e para luta armada, a guerrilha do Araguaia e outros episódios conhecidos. Ao chegar a Goiás, eu era um estudioso de cinema com a pouquíssima experiência de um curta e um estágio na Vera Cruz. Vinha do centro urbano e da janela descortinava um horizonte rural e sem fim. Tinha uma vaga idéia do que deixava para trás, nenhuma do futuro. O Araguaia era apenas um risco azul no mapa.

Gosto muito do mato, mas exijo a presença de um rio. Rios e matas têm características próprias. Num plano geral tudo parece um indistinto verde-azul, imóvel como o mar visto da janela de um avião. Mas quando você se aproxima, a paisagem muda e se revela. As árvores mostram sua diversidade, as veredas se insinuam, cada curva de rio reserva uma surpresa. Como ali o relógio de pulso funciona menos que o biológico, as pessoas têm uma relação menos rígida com o tempo-espaço.

Um dia, Orlando Villas-Boas contou que o jipe dele quebrou em pleno sertão. Ele pegou a peça quebrada e saiu estrada afora. Lá adiante, numa roça, encontrou um índio que explicou como chegar a um vilarejo onde poderia encontrar um mecânico. Perguntou se era longe, o índio falou que umas seis léguas. Orlando caminhou horas, dormiu no mato, andou mais para encontrar a vila, voltou dias depois. Encontrou o índio na mesma roça, agradeceu, mas comentou que a distância era maior do que o índio dissera. Sem largar a enxada o índio comentou:

– *A légua aqui é fininha, mas é comprida...*

Como aprendi a filmar em locações, sintonizei a minha sensibilidade com esse espaço. A filmagem em externas me dá mais alternativas, estimula a interatividade com o ambiente.

Já fiz documentários, mas não me sinto à vontade como documentarista. É uma questão de personalidade, já conversei muito com Vladimir Carvalho sobre isso. Ele me diz exatamente o inverso. É uma tendência pessoal. É curioso por que aprendi a filmar fazendo documentação e isso me deu uma rapidez muito grande na hora da filmagem. Fiquei condicionado a resolver agora porque tenho de revelar logo e colocar a imagem no ar no início da noite. Quando chego a uma locação me integro e logo vejo a cena. É um trabalho que tem como base o documental e tudo a ver com a forma como trabalho, ou seja, de ficcionista. Por um lado, trabalho com minha imaginação, mas todas as minhas histórias e minha maneira de filmar têm sempre a locação como ponto de partida e de chegada. Escrevo uma história sempre a partir do que vi, ouvi ou aconteceu comigo. Faço o roteiro, pesquiso, refaço inúmeras versões, e antes de filmar vou mais vezes às locações, para ver de novo os personagens no seu cotidiano. A última versão do roteiro é sempre o resultado dessa visão, de antever o filme no lugar em que a ação transcorre.

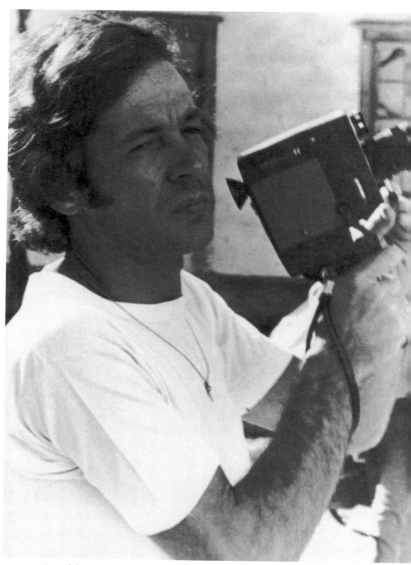

Geraldo Moraes posa com câmera na mão

Capítulo XV

Viajando com os Personagens

Anos depois, para fazer a *Difícil Viagem*, meu primeiro longa-metragem, fui várias vezes a Aruanã (GO). Lá, eu andava a pé, de canoa, pescava, conhecia as pessoas, personagens. Via os figurinos, o jeito de andar, mudava diálogos a partir do que ouvia. Faço uma ficção que procura manter uma atmosfera de documentário e faço questão de eu mesmo realizar as pesquisas de locação.

Acho fundamental para um diretor de cinema ter todo o conhecimento do filme que está fazendo, conhecer todos os detalhes. Filmar implica, ao mesmo tempo, em rígido planejamento e na convivência diária com o improviso – o sol não é aquilo que você imaginou, a nuvem não sai na hora que você quer, etc. ... Sempre acontece algo que ninguém previu e é preciso mudanças na hora. O que faz a diferença do filme realizado em locações é justamente isso, essa interferência do momento e do local, e é preciso que você saiba exatamente o que quer para poder assimilar a contribuição da realidade. É preciso ter o domínio total do filme porque a toda hora o diretor é chamado a decidir o que pode ou não pode ser acrescentado ou modificado. Filmar em locações não é colocar a realidade na camisa-de-força da ficção, mas criar a partir da interação entre a realidade e a sua imaginação. Quando filmamos num estúdio, colocamos a janela da casa no lugar onde queremos; quando escolhemos uma casa real a janela fica do outro lado e tem outra forma.

Acima de tudo, se estamos filmando uma situação que supostamente acontece em algum lugar do país, a situação pode ser imaginária, mas o país é real. Se meu personagem vive na cidade de Goiás, tem que existir em Goiás uma casa para ele...

Sempre faço a análise psicológica mais profunda possível dos personagens, uso todos os recursos para isso, da psicologia ao tarô e ao mapa astral. Como são? De onde vieram? O que passaram na vida? Mesmo que não esteja no filme, isso influencia a criação, dá elementos para os atores.

Na minha relação com os atores, também trabalho dessa forma. Entrego o roteiro, falo dos personagens, passo todas as informações que tenho sobre eles. Assim, o ator sabe o que imaginei e o que eu quero. Depois, espero o retorno, o que o ator viu no personagem, como o sentiu, que contribuição tem para ele. Nessa segunda etapa, observo o personagem como algo externo e real, e, a partir daí, faço, com o ator, uma síntese. Isto traz uma gama enorme de possibilidades para o próprio roteiro, a partir da interação entre personagens que, a essa altura, são um pouco do que eu vi, um pouco do que imaginei e um pouco do ator.

Antes de filmar, faço todo esse trabalho com relação à locação, aos personagens, aos tipos humanos e à própria estrutura do roteiro. No momento que recebo essas contribuições, vejo o que posso assimilar ou não. Isto me dá um estímulo enorme como diretor, no momento em que encontro algo diferente procuro ver que alternativas podem funcionar ou não.

Além da questão documental, essa ligação com a realidade concreta da locação tem a ver com o meu tema central. Faço filmes sobre a condição de ser brasileiro, o tema da identidade, do resgate do mito brasileiro, de quem somos nós.

A Difícil Viagem é um filme altamente autobiográfico. Escrevi o roteiro e fiz um filme com várias leituras. Uma leitura é a social, a história de um país que precisa se encontrar, de um país além das estatísticas e dos livros, é necessário mergulhar nele e na sua cultura para que tenhamos um projeto próprio.

Paulo José aguarda o grito de ação em A Difícil Viagem

Por outro lado, a história também é autobiográfica porque ela conta o que vivi em Goiás. O personagem de Paulo José é Evandro, um engenheiro urbano que conheceu o Brasil dos livros, como eu, e entra em contato com aquele país do qual ele fala tanto e do qual tem uma visão de fora, teórica. Estabelece-se no início, entre ele e o mundo do interior brasileiro, uma relação racional e crítica, Evandro aplica para as suas teorias no país real e quer modificar o local porque ele não corresponde às teorias. À medida que vai convivendo com isso, a realidade vai se mostrando e sugerindo alternativas. Tem a ver com meu processo de filmar: o rio que eu vejo hoje não é o mesmo de três meses atrás, não tem a mesma quantidade de água, a mesma cor, então tenho que adaptar.

Eu, um gaúcho no interior de Goiás, era no primeiro momento um Evandro, um extraterrestre que veio do Rio de Janeiro e estava no auge do sonho coletivo de mudar o mundo. Ninguém conhecia o Brasil mais do que nós...De repente, caímos na realidade concreta.

Lembro muito de uma história de Betinho. Nós estávamos em uma reunião, falávamos do PUA, o Pacto de Unidade e Ação entre estudantes, operários e camponeses. Pelo pacto, o movimento operário, o movimento camponês e o movimento estudantil acertaram que um apoiava o outro no caso de qualquer problema mais sério com qualquer um deles. Fazíamos longas reuniões para discutir questões do operariado, do campo, etc. Um dia, quando acabou uma reunião, Betinho disse que queria fazer um pedido e disparou: *Me faz um favor, alguém podia trazer um operário da próxima vez? Só pra eu ver.* A gente falava sempre neles, mas ali todo mundo era estudante.

Discutindo cena com Paulo José

Capítulo XVI

Flagrante Perdido na História

O governo militar não suportou a presença de Mauro Borges e ele foi destituído. Filmei o momento da destituição, imagens que tento há anos resgatar em Goiânia. Fiz a imagem de quando um certo coronel Danilo foi levar a comunicação de que Mauro estava destituído. Como tinha facilidade de entrar no Palácio, eu estava num lugar privilegiado naquele momento e vi a cena em que o militar sai do carro e um popular atravessa a faixa de segurança e o agride. Foi um tumulto, claro, era manchete para qualquer jornal. Imediatamente, saí de lá, revelei o material e levei para a televisão. Antes de ir para o ar, chegou uma ordem para recolher o filme.

Com o fim do governo Mauro Borges, parti para a iniciativa privada. Eu tinha conhecido a Dalel Petrillo, na agência de publicidade do Cerne, e o marido dela, o José Petrillo, que na época era gerente de uma empresa. Dalel vinha do Rio, onde fazia desenhos animados, era talvez a melhor profissional do Brasil nessa área. Em companhia de mais dois amigos do Cerne, criamos uma produtora, a Truca. Como a possibilidade de fazer animação era pequena em Goiânia, Dalel entrou como diretora de arte. Levamos para Goiânia um equipamento de última geração em efeitos especiais. Passei a fazer comerciais, alguns em desenho animado.

Já com dois filhos, o Márcio e a Denise, a produtora não rendia o suficiente para sustentar a família. Angélica e eu passamos a dar aulas na universidade. Ao mesmo tempo, continuávamos o trabalho na Ação Popular, numa ação social na Vila Redenção, que hoje é um bairro imenso e na época era um assentamento. Mas, acompanhando o desmonte feito pela ditadura, estava havendo uma desarticulação total do movimento em todo o país.

Um dia, de repente, numa reunião na Vila, olhei para o lado e vi umas pessoas estranhas. Na saída falei com os companheiros militantes que estava na hora de recolher, aquilo cheirava a espionagem. O trabalho foi suspenso, cada um foi cuidar da sua vida.

Brasília parecia uma boa alternativa. Logo estávamos na capital, onde nasceram Marta e Paulo, os filhos mais novos do primeiro casamento.

Capítulo XVII

Herdeiros no Cinema

Meus filhos trabalham todos na área de comunicação, a maioria com audiovisual. Márcio, o mais velho, ficou anos na Europa, morou mais tempo na França. Em Paris, estudou cinema e depois, em Portugal, se formou como *webdesigner*. De volta ao Brasil, montou a empresa dele, edita livros, faz vídeos e se dedica especialmente à animação, onde estreou a partir de um prêmio num concurso do Ministério da Cultura. Foi o autor do argumento de *O Último Raio de Sol*, curta dirigido pelo irmão Bruno, do qual fizemos juntos o *making of*. Foi eleito, recentemente, presidente da ABCV (Associação Brasiliense de Cinema e Vídeo), o que indica que também vai perder o sono com a política do audiovisual. Tem três filhas, Tauana, Maíra e Agatha, esta nascida na França, e dois filhos mais recentes, Lucas e Nicholas, com Carol, com quem vive desde que voltou ao Brasil.

Denise se formou em arquitetura, foi para Paris quando Márcio estava lá e lá também estudou cinema. Fez mestrado em cinema na UnB, é professora universitária, já fez dois curtas, *Um Pingado e um Pão com Manteiga* e *Filme Triste* e foi minha assistente no filme *No Coração dos Deuses*. Casada com o técnico de som Fernando Cavalcante, tem dois filhos, Gabriel e Arthur, e agora prepara mais um curta-metragem, *A Memórias de Inês* ou *Quando Ficar Velha Vou Esquecer de Tudo..*

Marta é jornalista, foi gerente da Coordenadoria de Comunicação e Divulgação do Senac-DF. Editou uma série de livros sobre gastronomia brasiliense, recebeu um prêmio internacional com um deles. Casada com André Ramos, tem um casal de filhos, Theo e Sofia.

Denise Moraes foi assistente do pai em No Coração dos Deuses

Paulo, o mais novo do primeiro casamento, é professor – acaba de fazer o mestrado –, ator e diretor de teatro. Rodou por São Paulo e Europa, fez cinema e trabalha na TV, onde é produtor e apresentador. Foi ator do meu filme *No Coração dos Deuses*. Casado com Vânia, tem duas filhas, Alice, nome da avó materna, e Olívia. Todos eles vivem em Brasília e, com essa generosa colaboração das noras e genros, a penca de netas e netos e uma bisneta – Aira, filha de Tauana – começa a exigir uma grande angular para bater foto de família.

O mais velho do segundo casamento, André, há um ano estreou como pai da Ella, com a parceria de Siva, que é maquiadora de cinema. É músico desde que nasceu e conhecido autor de trilhas para cinema. Acaba de montar uma gravadora que estreou com o novo CD do Sepultura e começa carreira como diretor de cinema fazendo clipes. Fez o curta *A Ópera do Mallandro* e uma dublagem *trash* muito procurada na internet, *O Destino de Miguel*, lança agora seu CD solo. Bruno, o caçula, é ator, faz teatro e cinema. Mordido pelo vírus da direção, estreou com o curta *O Último Raio de Sol*, que recebeu vários prêmios aqui e no exterior. Acaba de filmar *A Noite por Testemunha*, sobre o assassinato do índio Galdino.

Bruno Torres brinca de assistente de câmera com Walter Carvalho

Com o filho Bruno Torres no set de No Coração dos Deuses

Pode parecer estranho, mas, apesar de todos os filhos atuarem na mesma área ou área afim, cada um seguiu seu caminho por decisão própria. Pai numa época muito diferente da dos meus pais, assumo que as dificuldades que enfrentei em casa para seguir minha carreira consumiram muitas horas de terapia e inibiram qualquer tendência para interferir na vida dos filhos. Vivenciei o período em que os valores e as referências sobre família e educação foram subvertidos. No final dos anos 60 e nos 70, enquanto a repressão nos tirava das ruas, minha geração revia valores e comportamentos entre quatro paredes. Marcado pela oposição do meu pai à minha escolha profissional e dedicado a uma militância que defendia a liberdade, nunca lidei bem com a idéia de controlar filhos, alunos, colegas, povo. E a crise de valores que acompanhou minha geração me levou – e a boa parte dos meus contemporâneos – a tentar redefinir, às vezes sozinho, a fronteira entre limites e liberdade.

Em toda minha vida sempre militei pela liberdade, mas reconheço que na maior parte da minha vida particular predominaram os limites, o controle dos sentimentos, a história familiar da economia da afetividade. Sair desse casulo, assumir um crescente bom humor, estar mais próximo dos filhos e dos próximos, talvez seja esse o grande aprendizado que tenho vivido. Pelo menos me considero hoje bem menos chato do que já fui. Alguma coisa aprendi com as crises.

Capítulo XVIII

Anos de Crise

A virada dos anos 70 foi um ponto de mutação na cabeça e na vida da geração que quis revolucionar o Brasil. O 68 europeu, o AI-5, a repressão doentia dos anos Médici, tudo isso criava um quadro totalmente novo, contraditório sempre, caótico às vezes. Foi o tempo de refazer a cabeça, manter no prumo o emocional, reorganizar a vida. Quem estava no exterior queria voltar e não podia; quem estava aqui era procurado, preso, muitas vezes torturado, desaparecido. Formados na ação coletiva, estávamos isolados. Livres e soltos na época da militância estudantil, éramos profissionais, pais e mães de família. A inquietação que tínhamos jogado nas ruas agora vigiadas tinha que sair por algum lugar ou ser reprimida também.

Cada um tentou a saída que achou melhor, da luta armada ao aperfeiçoamento profissional, do misticismo à terapia. Todos buscaram novos rumos, muitos desapareceram para sempre. Entrei em crise, vieram a mudança para Brasília, o fim do primeiro casamento, a UnB, o segundo casamento, o começo da carreira como diretor de cinema.

A chegada a Brasília, forçada pela intervenção militar em Goiás, foi caótica. Eu tinha feito contatos com a universidade, o curso de cinema vivia mais uma crise, mas o então Departamento de Comunicação tinha vaga para professor de cinema. Apresentei meu currículo, fiz uma entrevista e ficou acertada minha contratação.

Fechei o capítulo goiano e me apresentei na Universidade de Brasília no segundo semestre de 1967.

A comissão de recepção foi digna da época. Quando cheguei ao câmpus pela primeira vez, a universidade estava cercada pelo Exército. Dias depois, quando a situação ficou mais tranqüila, voltei ao Departamento de Comunicação. Lá, a secretária disse que tinha para mim uma boa e uma má notícia. A boa, informou, é que a repressão tinha recolhido a documentação dos professores, para identificá-los, e ela achou um absurdo que eu já enfrentasse um problema daquela natureza sem ter dado uma única aula. Ela rasgou meu currículo e o contrato, jogou no lixo e assim minha documentação não foi entregue aos militares. A má notícia é que na falta de contrato e documentos eu estava desempregado...

Recém-chegado, casado, com dois filhos, eu não tinha mais trabalho em Goiânia e não tinha chegado em Brasília. Fiquei com a família no apartamento de Eva e Vicente Falleiros, antigos companheiros da Ação Popular que já viviam em Brasília há algum tempo.

Por um ano, Angélica e eu demos aulas onde havia vaga, lecionei História, Geografia e o que podia nas escolas da Fundação Educacional do Distrito Federal. Lembrei dos tempos em que estudei Antropologia Cultural em Friburgo com o Padre Vaz, lecionei Antropologia numa Faculdade de Serviço Social e na AEUDF, universidade particular recém-criada, onde também dei aulas de Cultura Brasileira. A AEUDF tinha vários professores da UnB, que davam aulas à noite. Entre eles, encontrei o professor Adelar Vicenzi, que tinha conhecido no Rio Grande do Sul, ainda quando estudante. Adelar estava no Departamento de Comunicação nessa época. Em uma reunião na AEUDF, ele me disse que Roque Laraia estava remontando o Departamento de Antropologia da UnB e buscava professores para as disciplinas de cultura brasileira. Ele tinha assistido algumas aulas que dei na AEUDF e recomendou que eu apresentasse meu currículo à UnB. O reitor à época era José Carlos Azevedo, que teve a universidade nas mãos durante toda a ditadura.

Conversei com o Roque Laraia, disse que poderia dar aula de cultura brasileira, mas não era antropólogo, nem queria ser. Ele concordou, comecei lecionando cultura brasileira, mas não escapei de ser professor de Antropologia, nos momentos de emergência. Fui sabatinado, fiz prova de aula e entrei na UnB. Foi muito curiosa essa entrada, eu estava sobrevivendo com o baixo salário de professor de várias instituições e consumi um terreno que tinha vendido em Goiânia e rendia prestações mensais. Quando recebi a última prestação, vi que poderia sobreviver por mais um mês apenas. E a essa altura, Marta e Paulo já tinham nascido. A conversa com Adelar foi antes do fim do mês e no mês seguinte eu estava contratado pela UnB. Em poucos dias, passei da falta de dinheiro para sobreviver à dispensa dos empregos que eu tinha antes.

Mas antes disso fui localizado pela repressão. Fui detido em Brasília, levado para Goiânia, recolhido ao 10º Batalhão de Caçadores. Não fiquei muito tempo preso, houve uma transferência para Juiz de Fora. O processo da UNE estava em julgamento, a Ação Popular era investigada. Além disso, havia também a ação que desenvolvi em Goiânia, na Vila Redenção. Já em plena ditadura, em Goiás todo mundo usava nome de guerra. O meu era Vicente, mas em Brasília também havia na Ação Popular dois companheiros cujos nomes verdadeiros eram Geraldo e Vicente. Nos depoimentos, até mesmo os dedos-duros misturavam nomes reais com fictícios. Isso ajudou muito a nossa defesa, feita pelo advogado José Luiz Clerot, um cearense que depois foi eleito deputado federal. Ele fez uma defesa muito segura, os depoimentos não coincidiam.

Durante os interrogatórios houve um período que eu era liberado e podia ir para casa, mesmo sendo vigiado 24 horas. Começaram a fazer uma série de perguntas que eu não conseguia entender, não tinham nada a ver comigo. Depois percebi que estavam atrás de alguém que coordenava um movimento ao redor de Brasília. Estavam me confundindo com ele. Clerot, que acompanhava muitos casos de prisão política, esclareceu que a tal pessoa que coordenava esse movimento era professor da UnB, gaúcho, e tinha sido do movimento estudantil, daí a confusão. Isso me ajudou a me livrar das acusações.

Logo depois fiquei sabendo que o tal professor seria o Flávio Tavares, jornalista que vive hoje em Porto Alegre, amigo desde a universidade. Assim, acusação a meu respeito ficou restrita à UNE e como o processo já estava enfraquecido pelo tempo, fui absolvido.

Capítulo XIX

A Crise no Planalto

Dizem as estatísticas que Brasília é a capital dos divórcios. Digo que também é um lugar de relações humanas mais profundas. Cidade ampla, janelas abertas para o vazio do Planalto, nela as pessoas sofrem menos pressões exteriores. Numa cidade convencional, as pessoas trabalham no meio do burburinho, voltam para casa num engarrafamento, cruzam com centenas de pessoas na calçada, encontram amigos no bar da esquina. Elas chegam em casa exaustas e com muitas histórias para contar. Sempre há episódios para distrair a conversa, sempre há um primo que chamou para o aniversário, a sogra que reclama uma visita. Você abre a janela e entram o barulho e as solicitações da cidade inteira. Em Brasília você abre a janela do escritório e entra o silêncio, pega uma pista direta para o seu bairro, chega no prédio sem ver quase ninguém e, quando entra em casa, encontra a companheira ou o companheiro na mesma situação: não há maiores incidentes para narrar. Se há, são poucos, logo se esgotam. Festa, a de um amigo, algo menos obrigatório do que o aniversário do parente. Brasília tem poucas sogras. E no silêncio da residência um só tem o outro.

Se a relação está boa, aprofunda-se; se não está, silencia-se ou se *discute a relação* com todos os riscos desse tipo de conversa. Não é à toa que Brasília é também a capital dos misticismos, uma cidade feita de silêncios, o chão é horizontal, sobra céu. O ambiente facilita buscas, a procura de novas raízes.

Cheguei a essa cidade, ainda mais ampla e vazia do que hoje, num momento em que minha turma não tinha endereço, a utopia estava de quarentena, a ideologia em xeque, a perspectiva de emprego numa cesta de papéis. A crise veio na intensidade do momento do país e do meu momento: ampla, geral e irrestrita. Foram anos difíceis, marcados pelo fim do casamento, com quatro filhos menores, a falta de perspectivas no trabalho e logo depois a perda do pai.

Ele estava doente há algum tempo, tinha tido uma trombose. A aposentadoria dele foi decisiva para a doença, porque ele deixou de lado tudo o que fazia e se recolheu. Acho que adoeceu porque a vida perdeu boa parte do sentido para ele. Já tinha deixado a política, aos poucos parou de advogar, queria mesmo viver no interior, na fazenda. Com a mulher e os filhos em Porto Alegre, não quis ir sozinho. A fazenda ficou como uma coisa eventual, que ele curtia, mas era pouco, a maior parte do tempo ele ficava na cidade, onde agora não tinha mais ocupação.

A doença do meu pai me revelou um outro homem na relação pessoal, antes mais rígido, agora mais emotivo. Durante toda a vida, incutiu nos filhos valores como a lealdade, a ética, o senso do dever, a dedicação aos estudos. Preocupado com o futuro e a segurança, reagia ao meu interesse pelo cinema, que chamava de poesia, coisa que *não dá camisa pra ninguém*. Mas devia ter uma certa consciência da pedagogia dessa oposição, porque uma vez me disse que se eu queria mesmo fazer cinema devia lutar por isso.

Já no final da vida, me surpreendeu com uma frase. Ele, que sempre valorizou as obrigações e criticava as boemias do Duto, meu irmão mais velho, e depois as freqüentes saídas noturnas minhas e dos mais novos, de repente, depois de um longo silêncio ao meu lado, foi enumerando como para si mesmo:
– *Valeu a pena pela família, a mulher, a fazenda, as caçadas, andar a cavalo...*

Logo depois, quando meu irmão mais velho também percebeu que estava terminal depois de mais de 40 anos numa cadeira de rodas, ouvi dele algo muito parecido:
– *Valeu pelas pescarias, os amores, as noites com os amigos...*

Essas frases, ditas como uma espécie de acerto de contas com a vida, me marcaram muito. Sempre fui muito contido, aprendi, assumi e valorizo a importância das obrigações e naqueles dois momentos entrou em xeque a falta de importância do tempo livre e dos sentimentos. Nas terapias e nas minhas viagens interiores passei a sentir melhor a diferença entre esse eu social que valoriza, cumpre e deve cumprir as obrigações e as necessidades do eu mais profundo e esquecido, que sente e ama, ri e chora, curte e enfim vive a experiência de ter sido jogado neste planeta na forma de um ser humano.

Anos depois, quando faleceu o Fabinho, senti a morte do irmão mais novo e também o desaparecimento de uma pessoa que passou a maior parte do seu tempo em reclusão, entre a casa e o trabalho, raros tempos de um divertimento sempre contido. Gosto de procurar informação nos livros, mas procuro mais buscar conhecimento na vida. O ciclo de morte e renascimento, as guinadas que a vida dá a todo tempo nos levando a morrer e renascer a toda hora, me fascinam. Podíamos ter nascido árvores ou bichos, mas se somos gente e nascemos de um ato de amor, isso deve ter um sentido. Mesmo sabendo que temos um limite de tempo para rodar por aqui, penso que talvez a morte seja no fundo a perda desse sentido e os nascimentos chegam a mim com a alegria da chegada de mais um companheiro de viagem. Acho que o Brasil teria ganho muito se os caras que fizeram a nossa bandeira não tivessem tirado a palavra amor que vinha antes da ordem e do progresso.

Lido mal com o sofrimento e, como bom canceriano, sempre tive a tendência de empurrar os problemas com a barriga e até de curtir as fossas. Mas, quando me vejo premido, ou diante de uma situação-limite, procuro resolver o aperreio, refazer as idéias e acabar com o sofrimento. As dificuldades são normais, o sofrimento é opcional, escreveu Carlos Drummond de Andrade. *Prefiro pecado novo que remorso antigo*, me disse um dia um caboclo em Goiás. Em crise em Brasília, deixei as dúvidas pra trás, busquei Deus na amplidão do cerrado, fiz novas amizades, transferi-me para o Departamento de Comunicação, onde conheci Mallú. Ela dava aulas de publicidade e cantava nas rodas de amigos. Me aproximei dela e dos músicos da cidade, em pouco tempo estava reconstruindo a vida, de casamento, endereço e amigos novos. Formavam o trio parceiro Clodo, Climério e Clésio, uns cearenses que iniciavam carreira no Planalto, chamados Ednardo, Rodger e Teti, Raimundo Fagner e o superpoeta Augusto

Pontes. Produzi shows deles. O movimento de teatro amador botava timidamente a cara pra fora coxias, quando experimentei o palco. Era um novo começo.

Com Roberto Bomfim e Mallú Moraes no intervalo das filmagens de No Coração dos Deuses

Capítulo XX

A Magia do Araguaia

Mallú é goiana de Anápolis, veio menina para Brasília com o pai na primeira leva de pioneiros. Com ela fiz teatro e depois todos os projetos que realizei daí para frente. E me liguei mais ainda a Goiás e seus rios, pois os novos cunhados eram na maioria apaixonados pescadores.

Eu já conhecia o Araguaia, admirava, mas a paixão por esse rio começou quando comecei a pescar. Celso e Célio foram meus mestres pescadores. Daí para a frente, durante muitos anos, organizava pescarias que consumiam meses de preparação, na companhia dos atores Venerando Ribeiro e Roberto Bomfim, dos jornalistas e companheiros de vários projetos na UnB Carlos Augusto Setti e Luiz Gonzaga Motta, do meu primo Francisco Mariano, do produtor e sobrinho Marcelo Torres, de Hélio, paraibano e mestre das águas, mais adiante meu filho Bruno, várias vezes os cunhados Cid, César, Caio, este último quando o trabalho no Senado permitia.

A tranqüila majestade desse rio e as imensas praias da época de seca tornam o Araguaia um rio convidativo, que chama o visitante a se banhar e a curtir. Nas noites de lua cheia, pescar no Araguaia admirando as estrelas é uma experiência lúdica e mística, o tempo pára, a gente escuta o silêncio a distância. Amo esse exercício de paciência, sem saber se o inconsciente do rio vai trazer algum peixe ou se ele apenas se diverte fazendo você esperar para ganhar mais algumas horas de vida e paz. Os árabes dizem que Alá desconta do tempo reservado para as nossas vidas as horas que passamos pescando. Devo ter um bom crédito por aí.

O rio Araguaia é um porto-seguro de Geraldo Moraes no Planalto Central

Geraldo comemora o fruto de pescaria no Rio Araguaia

Capítulo XXI

Descartando um Novo Exílio

Na UnB, o que me ajudou a reencontrar o caminho do cinema foi um convite para não ser mais cineasta. Um dia, o vice-reitor Marco Antônio Rodrigues Dias, grande amigo do tempo do movimento estudantil, me chamou à reitoria e disse que havia uma bolsa de estudos encaminhada para eu completar minha formação em Antropologia no exterior. Roque Laraia já tinha falado comigo sobre isso, eu estava trabalhando com o antropólogo Júlio César Melatti, que fazia uma bela pesquisa com os índios Krahó. A essa altura, o curso de cinema estava paralisado, restavam apenas alguns professores oferecendo disciplinas isoladas, como o Vladimir Carvalho, o Geraldo Sobral e o Rogério Costa Rodrigues.

Numa época em que a universidade seguia um modelo americano e a maioria dos professores ia fazer a cabeça nos Estados Unidos, estudar Antropologia na Inglaterra era uma proposta sedutora e encaminhava uma carreira. Mas eu pirei: *Vou virar cientista social, cinema nunca mais*.

Não era o que eu queria, uma coisa era usar Antropologia Social como instrumento de trabalho nos meus filmes, outra era virar antropólogo.

Com Roberto Bomfim e os índios Krahô em exibição de No Coração dos Deuses *em praça pública em Porto Nacional (TO)*

E eu não poderia ganhar uma bolsa e na volta agradecer o investimento e comunicar que ia fazer cinema.

Abri mão da bolsa. Por coincidência, o Departamento de Comunicação, que também tinha sido desarticulado, começou a se reestruturar com novo currículo baixado pelo Ministério da Educação. Nele, cinema passou para a área de comunicação e havia matérias de cinejornalismo. Curioso, o cinejornalismo tinha acabado como atividade profissional, mas estava no novo currículo. Reunimos os professores de cinema que estavam na UnB e fomos para o Departamento de Comunicação. Era a chance de manter vivo o cinema na UnB. Passamos a fazer documentários nas aulas de cinejornalismo.

A UnB era um território cercado, os órgãos de segurança tinham o controle de tudo, muitas vezes alunos e professores eram levados de dentro das salas de aula. A militância era reprimida e a dos professores acontecia em torno da ADUnB, a Associação dos Docentes da UnB, que movia intensa resistência ao reitor Azevedo. Participei da política docente em todo este período, até a indicação de Cristovam Buarque para a reitoria, já no final da ditadura. Vivíamos em assembléia permanente, havia a luta contra os famigerados acordos MEC-Usaid, a reforma educacional feita pela ditadura, etc. Cristovam foi eleito em 1985 a partir dessa mobilização, um trabalho da ADUnb, da qual foi ativo militante.

A repressão aos movimentos estudantil e docente era muito forte e na UnB era muito mais intensa, pois, além de estar na capital federal, a universidade tinha um reitor diretamente ligado aos órgãos de segurança. Pude testemunhar o esfacelamento do movimento estudantil ao qual tinha pertencido e a evolução desse movimento nos anos mais difíceis, quando foi minada qualquer possibilidade de resistência. A primeira geração de alunos, os primeiros *filhos da ditadura,* era um grupo que não tinha nem como reagir. Em todos os cursos, os currículos foram castrados. Não se discutia o Brasil, foi criada a tal disciplina chamada Cultura Brasileira para confinar na dita cuja o estudo do país. Professores passaram a fazer seus mestrados e doutorados nos Estados Unidos, nas bibliotecas foram expurgados todos os livros que pudessem estimular qualquer tipo de contestação. Numa das invasões sofridas pela UnB, um sargento recebeu ordens de retirar da Biblioteca Central *todos os livros comunistas.* Um soldado perguntou o que era um livro comunista, o superior explicou: *São os de capa vermelha!.* No meio da limpeza ideológica foi para o fogo toda a estante de clássicos do direito que a UnB tinha encadernado com essa cor.

A idéia era criar *pessoas competentes* para ocupar espaços no mercado de trabalho e logo os estudantes foram contaminados por esse objetivo. O acesso que essa geração teria à literatura foi completamente castrado. Uma parte da liderança estudantil procurava encaminhar uma reação à ditadura, mas a repercussão social deste movimento era muito pequena. Não apenas pela repressão física, mas muito pela lavagem cerebral feita pela ditadura.

Dirigindo No Coração dos Deuses

Capítulo XXII

A Recuperação das Praças

A ditadura foi muito eficiente em dissolver os coletivos e colocar cada um na sua, um modelo seguido exemplarmente na nossa área, nos meios de comunicação, com a criação das redes de televisão, que repetem em todo o Brasil o que a cabeça emite, reflexo perfeito da hierarquia militar em que o comando ordena e os subalternos são repetidores. E a televisão soube encontrar na novela um instrumento dramatúrgico eficiente para trancar todo mundo em casa, esvaziar os espaços coletivos, não deixar o povo sair. Uma obra que foi completada com o fechamento das salas de cinema de bairro e do interior, depois reabertas no condomínio dos *shoppings*.

As pessoas foram tiradas das praças, os movimentos sociais impedidos de fazer reuniões, o país deixou de ser tema de estudo e principalmente de discussão. Isso foi acontecendo ao longo desse período e teve repercussão em todos os setores, como a literatura e o teatro, na preferência cada vez maior pelos textos de autores estrangeiros. No meio acadêmico criaram-se especialistas autorizados a falar sobre o país, os *brazilianists*...

Mas houve sempre bolsões de resistência, na imprensa, na política, na intelectualidade, na sociedade, enfim. Bolsões sem aparente repercussão inicial, mas que vinham tecendo a teia que desembocou na luta pela redemocratização, na ampliação da resistência, nas greves do ABC, na criação do PT. E no retorno das lideranças exiladas, com a anistia.

Capítulo XXIII

Um Salto no Tempo

Daí para cá vem acontecendo um novo processo, que pude acompanhar nas viagens que fiz nos últimos anos e enquanto estive na presidência do Congresso Brasileiro de Cinema. Quando estava na UNE, viajei pelo Brasil inteiro, estive em todas as regiões. Mais tarde, o CBC me deu uma experiência semelhante e pude ver o que se passa no Brasil, especialmente na área cultural.

Só agora estamos vendo os sinais do fim das estruturas montadas pela ditadura e o surgimento de um novo tipo de consciência social. Não falo das instituições nem do esquema de poder, que continua o mesmo. Apesar da redemocratização, permanece existindo o antigo tipo de liderança política, a mesma centralização de poder político e econômico. E foram criados eficientes instrumentos para eternizar essa situação, com a profusão de partidos políticos, de legendas de aluguel, a forma de financiamento de campanha. Nada específico do Brasil já que no mundo todo o fim da guerra fria abriu as porteiras para uma ganância de poder e dinheiro sem precedentes, a concentração de renda é cada vez maior em todo o mundo.

Mas os novos tempos abriram espaço para que a sociedade fosse criando também seus instrumentos, como organizações civis, ONGs, microempresas, enfim, cada vez mais as pessoas esperam menos dos governos e vão mais à luta. Os excluídos do clube se viram, a sociedade que está fora do círculo fechado tem que sobreviver e ela foi criando as suas alternativas. Temos aqui em Brasília um símbolo disso, a W-3, um exemplo visual do que aconteceu. Ela era o centro comercial do plano-piloto, onde a gente comprava e onde as pessoas se encontravam. À medida que a concentração de renda foi fechando tudo dentro do *shopping*, a W3 foi fechando as portas e cresceu o mercado paralelo. O subemprego foi reforçando isso, de forma tal que o comércio estabelecido e os próprios governos tentaram reprimir, continuam tentando, mas tiveram que organizar de alguma forma, criar camelódromos, feiras, que, no entanto, são insuficientes para abarcar a economia informal.

Na área da cultura acontece o mesmo: as pessoas saíram de casa, encontraram a praça vazia e estão ocupando outra vez. O fenômeno mais importante que vejo no Brasil é o renascimento e o crescimento das manifestações locais, regionais. Ao mesmo tempo, com a digitalização, as chamadas contrapartidas sociais, os novos programas, editais de patrocínio e instrumentos de incentivo, a produção cultural se espalhou pelo país afora.

O grande movimento que vemos no Brasil e no mundo é, assim e em última análise, esse renascimento das culturas locais, populares e a disseminação da produção independente, do audiovisual regional e comunitário, dos livros editados regionalmente, da música que vende em nichos de mercado, nichos que foram recriados. Enquanto a estratégia de vendas de todas as *majors* da cultura se dedicou a arrasar a praça dentro dos *shoppings*, vendendo *blockbusters* para um público seletivo e selecionado, quem ficou fora do condomínio procurou alternativas. O fantasma da globalização acabou provocando uma reação, como na lei da ação e reação da Física.

Depois do CBC, venho atuando na Coalizão Brasileira pela Diversidade Cultural e pude verificar nesses três anos que esse fenômeno é mundial e acabou desembocando na aprovação da Convenção da Unesco, no reconhecimento de que cada país e cada região têm o direito e o dever de proteger, incentivar, fomentar e desenvolver suas manifestações locais.

No caso da televisão ainda vigora entre nós a estrutura herdada da ditadura militar, baseada na concentração de renda e agora buscando eternizar-se na TV Digital. Isso se repete em todo o mundo, afinal os donos são poucos e sempre os mesmos. Em reuniões em Seul, Chile, Madri, Toronto, Buenos Aires, vimos que há três pontos comuns na briga pela defesa das indústrias nacionais e das manifestações culturais locais. O primeiro, a pressão norte-americana para que os mercados se abram e não sejam criados problemas para a entrada dos produtos dos Estados Unidos. O segundo, a oposição da grande mídia nacional e internacional. O terceiro são os ministérios da Fazenda. Na reunião de Madri, dezenas de pessoas se sucediam no microfone falando de seus países e, depois de algumas horas, virou piada dizer que os ministérios da economia criavam dificuldades para a cultura. Na verdade, em todo o mundo as políticas econômicas continuam sendo controladas pelo capital financeiro, dinheiro que não tem pátria.

Eleito para o CBC, abandonei meus projetos e fui cumprir meu mandato. A criação da Ancinav, a regulamentação do audiovisual no Brasil, a regionalização da programação e depois a TV Digital esbarraram numa conhecida estrutura de poder baseada na propriedade cruzada dos meios de comunicação, em que um conglomerado pode ser dono de tudo. Enquanto estive no CBC, trabalhei para mudar isso, sempre mantive a esperança, mas nunca tive ilusões. A televisão no Brasil é toda comercial e também é produtora, essa é uma grande diferença. Na medida em que ela é produtora e centralizada, é óbvio que a produção independente para ela é uma concorrente. Ela prefere colocar no ar aquilo que ela produz e o que importa a preço da banana a trabalhar com a produção independente.

Mas a moeda tem duas faces, se por um lado os conglomerados evoluem, os que lucram com a venda de equipamentos querem ampliar seus mercados e isso abriu espaço para a produção independente em todos os continentes. Temos hoje pequenas produtoras, pequenas editoras que são praticamente domésticas. O mesmo ocorreu na música, hoje qualquer cantor ou banda pode ter um equipamento para fazer o seu CD com razoável qualidade no fundo do quintal, num quartinho dois por três. Com isso, houve uma multiplicação de experiências no Brasil inteiro.

No nosso caso, curta-metragem, animação e mesmo longa-metragem, passamos a trabalhar cada vez mais com essas alternativas e isso fez com que nossos filmes e vídeos se diversificassem e retomassem o contato com aquela parcela da população que está fora do *shopping*, os 92% do público brasileiro. Justamente aquele público que gostava do produto nacional e ficou impedido de ter contato com essa produção pelo fechamento das salas dos bairros e nas cidades pequenas e de porte médio.

Hoje, os cineclubes, os projetos escola, os cinemas na praça e os festivais de cinema se multiplicam no Brasil e não se limitam à apresentação de filmes nas salas, mas fazem exibição nos bairros, nos nichos. Isso também incentivou a produção local, uma nova geração que está surgindo agora. É um novo tipo de militância cultural, de quem quer realizar seu documentário, seu primeiro longa-metragem em vídeo digital e quer mostrar na sua região, em espaços que se ampliam cada vez mais.

Quando fizemos *No Coração dos Deuses,* a Rio Filme tirou 28 cópias, num lançamento relativamente caro e o filme ficou com um buraco de R$ 300 mil, porque a distribuição no circuito de salas não recuperou os custos de comercialização. Ao mesmo tempo, apresentamos o filme em projetos alternativos e tivemos mais de 150 mil espectadores, mais de cinco vezes o que a distribuidora comercial conseguiu.

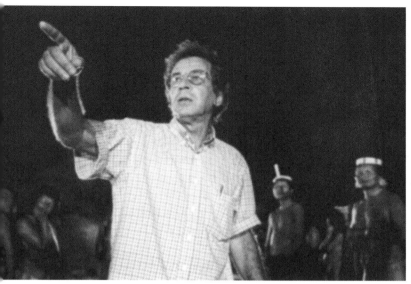

Preparando cena com os índios em No Coração dos Deuses

Existe uma hipocrisia enorme com relação à pirataria. Há, sim, uma atividade ilegal de cópias de DVDs, música, etc. Sabemos disso, é preciso controlar, mas também é preciso controlar a evasão de renda e o não-pagamento de direitos autorais no mercado convencional. Além disso, no bolo da pirataria estão sendo incluídos milhares de produtores e artistas de uma música regional que vem crescendo no Brasil inteiro, como aconteceu com a música sertaneja, o forró no Nordeste, a música regional. São pessoas sem acesso às grandes gravadoras, nem à mídia e nem às lojas, que sempre tiveram um tremendo preconceito com a cultura regional. Excluídos, esses artistas foram descobrindo seus espaços. Hoje temos no Brasil inteiro ídolos populares que a grande mídia ignora. Eles levam milhares de pessoas aos rodeios, por exemplo. No Maranhão, você encontra isso com os grupos de Bumba-Meu-Boi, que vendem seus discos nas ruas. A música nordestina é uma indústria extraordinária e segue os passos do cordel. Isso tudo não está nas lojas, não conta nas estatísticas e não é pirataria.

E o próprio enfrentamento da pirataria tem que ser revisto, é preciso entender que o que mais incentiva a pirataria é o sistema estabelecido. No chamado regime de livre mercado qualquer grande empresa tem o direito de concentrar suas vendas num segmento que pode pagar U\$ 12, U\$ 20 por um CD, mas não pode impedir que os que não têm esse dinheiro queiram ouvir e comprar a música ou o filme de sua preferência. Se essa produção não tem lugar nas lojas dos centros comerciais, é óbvio que ela vai procurar caminhos alternativos. No interior existem inúmeras redes de comercialização de música regional, que incluem postos de gasolina, feiras, praças, ruas, eventos e pontos de atração de pessoas, mais especificamente romarias e rodeios. Neles, boa parte da produção independente encontra seu público por meio de um comércio legal, feito por pequenas e médias empresas.

Pirataria é crime, produção independente é outra coisa, é alternativa para as culturas locais e não adianta alimentar preconceitos. O cinema caipira de São Paulo e o regionalista do Rio Grande do Sul fizeram enorme sucesso quando havia salas no interior, com vários filmes com mais de um milhão de espectadores. E fizeram porque falavam de temas ligados à vida dos espectadores. A cultura regional continua existindo, e forte. Por mais que a grande mídia e pseudo-intelectuais ignorem, as pessoas do interior e das periferias querem, sim, expressar seu mundo e ver/ouvir seus artistas. Se essa arte – arte popular, sim – não tem lugar na vitrine ou se o seu público não tem dinheiro para pagar CDs e DVDs caros, é fatal que ela seja escoada na própria região, onde não há centros comerciais. É assim que vive e cresce toda a economia interiorana e das periferias, atendendo às necessidades locais, só não entende isso quem nunca saiu do asfalto. Se o hospital mais próximo fica a 60 quilômetros, o médico pede R$ 100,00 por consulta e os planos de saúde usam paletó e gravata, o doente vai procurar o curandeiro e se cura com garrafadas.

Capítulo XXIV

Documentários, de Olho na Ficção

No tempo da universidade, além das atividades acadêmicas, sempre me dediquei a alguma pesquisa, algum projeto. E me preparava para fazer o meu primeiro longa-metragem. Sempre fui um ficcionista desde o tempo de estudante, quando escrevia contos para revistas juvenis. Como acontece com boa parte dos diretores, com os curtas exercitei a linguagem. Fiz *Mensageiros da Aldeia,* aprendi muito sobre a cor com Heinz Forthman, fotógrafo alemão que trabalhava na UnB. O filme foi feito em Luziânia, perto de Brasília, documentava a chegada dos meios de comunicação numa cidade pequena. Isso foi em 1973.

Quando dirigi o CPCE, centro de produção audiovisual que criamos na universidade nos anos 80, fiz vários documentários em vídeo. Destaco entre eles *Moça de Engenho,* gravado num entardecer goiano. Eu estava com uma equipe da universidade procurando locações e vi um engenho de cana fazendo rapaduras. O fotógrafo Tucker Marçal e eu registramos tudo em apenas uma hora. Gosto muito desse vídeo, bucólico, simples, que fiz pensando em Humberto Mauro.

Outro documentário que fiz quando ainda estava na UnB foi o *Capital dos Brasis*, um dos episódios do longa-metragem *Brasília – Última Utopia*, produzido por José Pereira, o Pereirinha. Eram seis curtas de cineastas de Brasília e eu fiz esse que tratava Brasília como ponto de encontro de gente de todos os cantos do Brasil e do mundo. Esse é um dos aspectos que mais me entusiasmam em Brasília e no Centro-Oeste.

Há um motivo inconsciente para que eu goste tanto de Brasília e dessa região, talvez o espaço aberto, a terra, o contato com a natureza, com a cultura local. Mas não sou nem nós somos seres tão racionais, no fundo a gente arruma explicações racionais para aquilo que o inconsciente já decidiu. A minha explicação é que a Nação Brasileira está sendo criada nesta região. A História do Brasil é um arquipélago no tempo e no espaço, cada ciclo econômico aconteceu em uma época diferente e em locais diferentes. O da cana-de-açúcar foi principalmente nordestino. O do ouro foi em Minas Gerais. Na história oficial, parece que Pernambuco deixou de existir quando a atenção se voltou para o ouro. A metrópole e o Brasil se concentraram na nova riqueza, mas Pernambuco continuou a existir, forjando a sua identidade longe dos olhos coloniais e colonizados. Como o Amazonas, depois do Ciclo da Borracha. Sempre que a metrópole muda de interesses ou se concentra numa guerra distante, a colônia aproveita o refresco para fazer sua história. Os chamados ciclos econômicos, que se sucederam no tempo e no espaço, foram todos em função do mercado externo, sempre baseados na monocultura. O Brasil inteiro só converge para si mesmo de vez em quando, como na segunda metade do século XX, e os vários sotaques só começam a se reunir em Brasília e no Centro-Oeste. O Rio foi sempre um pólo de atração, mas ele mesmo é uma região cultural de características definidas, que acaba absorvendo e diluindo na sua cultura a contribuição dos migrantes. Brasília não, ela era um deserto e a cultura que foi nascendo aqui foi e continua sendo um pouco de tudo. Brasília é um laboratório.

Capítulo XXV

Na Pele do Ator

Na UnB, além das aulas e de curta-metragem, comecei a fazer teatro. Meu objetivo no cinema sempre foi a ficção, a direção de longas e essa é uma função que exige muitos pré-requisitos. O meu início como câmera e laboratorista, a direção de curtas e o trabalho com os alunos me davam a necessária intimidade com o equipamento e a linguagem, o que completei fazendo ou acompanhando de perto a montagem e a finalização de reportagens e documentários. Na época não havia em Brasília produção de longas que me dessem a oportunidade de trabalhar como assistente e ver no cotidiano o trabalho e a direção de atores. Eu precisava conhecer mais a dramaturgia, lia muito, escrevi e reescrevi textos que o meu espírito crítico deixava inéditos. O teatro era a melhor opção para sair do papel para a cena e trabalhar com atores. Fiz inclusive um breve trabalho como ator, queria me ver do outro lado da cena.

Em 1972 ou 1973, o movimento de teatro era pequeno em Brasília e tinha deixado de existir na UnB por obra do regime militar.

Então, Brazlândia, uma cidade próxima de Brasília, queria comemorar seu aniversário com uma peça de teatro e nos procurou na UnB. Montei com um grupo de alunos uma dramatização de poemas que, depois, apresentamos na universidade. A repercussão foi muito boa e fizemos temporada na Sala Martins Pena. A imprensa saudou o espetáculo como o primeiro passo para o renascimento do teatro na UnB. Criamos o grupo Tanaora.

A primeira peça que encenamos foi *Ave Estrangeira*. Impedidos de falar diretamente em política, nós colocávamos em questão o ser estrangeiro no próprio país, com textos que reconstituíam a formação da cultura brasileira. *Minha Vida, Nossas Vidas*, a segunda peça, nasceu de um poema de Cecília Meirelles. A terceira, *370 Léguas a Oeste de Cabo Verde,* era uma revisão crítica da História do Brasil e aqui, pela primeira vez, o texto era inteiramente meu. Nas outras, trabalhei bastante com trechos de outros autores. Na época, eu tinha muito contato com o pessoal do Departamento de Letras da UnB e com a ajuda do professor e escritor Cassiano Nunes, a gente obteve a licença dos autores para usá-los nas peças. O resultado disso foi *A Difícil Viagem,* meu primeiro filme.

Com a relação que tinha com o pessoal da música, todos os espetáculos incluíam canções. Mallú cantava e interpretava, começava a formar seu público e conquistar seu espaço como cantora. Dali nasceram o seu primeiro disco – um compacto – e os primeiros shows solos que ela fez nas salas da cidade.

Geraldo conversa com os atores Paulo José e Venerando Ribeiro

Capítulo XXVI

Uma Fase de Nascimentos

André tinha três anos quando uma série de acontecimentos completou a fase de mudanças que eu estava passando. Eu já estava fazendo análise com Humberto Haydt, lacaniano brilhante que foi fundamental para a remontagem do meu quebra-cabeça. Logo depois, Mallú e eu fizemos um laboratório de criatividade em São Paulo, orientado pelo Ilace (Instituto Latino-Americano de Criatividade e Estratégia). Foram vários dias de confinamento em Serra Negra, colocando a cabeça em xeque. Voltei de Serra Negra a mil e logo começaram a acontecer as sincronicidades, já que não acredito em coincidências.

Uma tarde, Ariovaldo Piovesani telefonou convidando a Mallú para gravar um LP. Ele a tinha ouvido cantar num momento de descontração no hotel e achou que ela estava pronta para gravar. Tínhamos conhecido o Ari no Ilace e não sabíamos que ele era diretor da Continental, um selo que prestigiava muito a música brasileira na época.

Fui o produtor do disco, Ari deu todas as condições, conseguimos músicas originais de João Bosco, Carlinhos Vergueiro, músicos como Gilson

Peranzetta, Novelli, Wilson das Neves. Terminado o disco, Ari saiu da Continental e a empresa entrou em declínio. O lançamento foi um desperdício. Na música, como no cinema, ontem, como hoje, a história é a mesma...

Durante as gravações, no Rio de Janeiro, ficamos sabendo que Mallú estava grávida, esperando Bruno, que nasceu em 80. E ao voltar a Brasília recebi a notícia de que a Embrafilme tinha selecionado *A Difícil Viagem* e ia co-produzir o filme. A Embrafilme, pela primeira vez, tinha aberto um concurso de projetos e eu tinha inscrito um roteiro de longa, *A Difícil Viagem de Evandro Souza,* que era o título original.

Dizem que a lei do carma afirma que colhemos o que plantamos. Era época de colheita.

Capítulo XXVII

Estréia é Aplaudida pela Crítica

A Difícil Viagem nasceu desse concurso organizado por Celso Amorim, então presidente da Embrafilme. Até ali a Embrafilme trabalhava direto com projetos apresentados por produtores e diretores que queriam ser produzidos pela estatal do cinema. Celso inaugurou os concursos. De 320 projetos, foram selecionados 30 e no meio deles estava o meu e também o *Berocã*, que o amigo Lionel Luccini nunca chegou a realizar.

A Embrafilme entrava com uns 40% dos recursos, o restante consegui com o governo de Goiás, com o então governador Íris Rezende, e completei o orçamento com o apoio do FNDE, dirigido por Ecilda Ramos, que fazia como sempre um belo trabalho no MEC e também ajudou outros diretores. Ela era casada com B. de Paiva, a quem conheci na época para nos tornarmos amigos pela vida.

Quando fui formar a equipe, era um estreante do interior, numa época em que eram raros os filmes fora do eixo Rio-São Paulo. O processo de escolha inaugurado pelo Celso Amorim e continuado por Carlos Augusto Calil deu o empurrão inicial para a diversificação. Eu precisava de um produtor que tivesse bom trânsito na empresa e escolhi o Jom Tob Azulai.

Fui ao Rio de Janeiro, acertamos a produção, contratei os atores que queria: Paulo José, Roberto Bonfim, Rui Rezende, Zaira Zambelli. Para papéis de igual importância, escolhi atores que nunca tinham feito cinema, como João Antônio, professor da UnB, grande ator de teatro, Venerando Ribeiro, ator goiano do nosso grupo de teatro. Também selecionei atores locais. No dia em que o filme estreou no Rio de Janeiro, o Miguel Borges veio me perguntar quem era aquele ator que fazia o papel do fazendeiro e que, segundo ele, parecia um personagem de Sam Peckimpah. O fazendeiro é um fazendeiro mesmo, Ozman Johma, escolhido em Aruanã, na beira do Araguaia.

A reação da crítica foi um susto para mim, eu tinha feito um filme com o coração, um olho na minha experiência e outro nos arquétipos brasileiros, mas eu não tinha nenhuma expectativa quanto ao resultado. A comercialização rendeu muito pouco, mas a coleção de críticas satisfez meu ego, o *Estadão* disse que o filme indicava um caminho para o cinema brasileiro, o caminho do interior brasileiro, dos nossos arquétipos. Em 2000 esse orgulho pessoal foi

Geraldo prepara plano em milharal

reativado quando Carlão Reichenbach e Jairo Ferreira fizeram o retrospecto do século e incluíram *A Difícil Viagem* entre os 30 filmes essenciais do cinema brasileiro.

Convidei Walter Carvalho para a fotografia. Até então, ele tinha feito curtas e uma parte de *O Boi de Prata*, de Augusto Ribeiro, no Rio Grande do Norte. Como tinha boa relação com ele e Vladimir Carvalho, amigo-irmão e companheiro de UnB e de cinema, chamei Walter convencido de que estava na hora de ele fazer na íntegra a fotografia de um longa-metragem. Da convivência e do trabalho com Walter nasceu uma das amizades que guardo com especial carinho, por ele, por Lia e os filhos Lula e Lucas.

Formei minha equipe assim, mesclando gente experiente e pessoas que estavam começando. André tinha quatro anos, Bruno tinha um e Mallú fez a direção de arte e interpretou um papel. O meu assistente foi Carlos del Pino, que tinha trabalhado em quase todos os filmes do Cinema Novo e conhecia Goiás. Paulo José, Del Pino, Jorge Duran – diretor de produção – já eram nomes de peso no cinema. Um dia me perguntaram se eu, um iniciante, não ficava inseguro trabalhando com um grupo bem mais experiente. Eu

A Difícil Viagem *foi um dos primeiros longas-metragens fotografados por Walter Carvalho*

os tinha escolhido justamente porque eles me davam uma retaguarda que agradeço até hoje. Paulo José e Carlos Del Pino foram uma escola para mim, deram experiência à produção. Devo muito a eles. Os anos de experiência que eu não tinha foram compensados pela participação dessas pessoas. A realização do filme, numa locação isolada por uma estrada de terra, na beira de um rio a cem quilômetros de um telefone, resultou numa bela integração de todos, em amizades que guardo, em várias pescarias com Venerando e Bomfim pelos confins do Araguaia.

A Difícil Viagem foi filmado em 1981. O filme teve um impacto muito grande, uma crítica consagradora, chamou a atenção para uma região quase desconhecida do Brasil. Coloquei toda a minha experiência de Goiás no filme, experiência de um cidadão urbano que conhece o Brasil dos livros e entra em contato com a realidade do país. Era autobiográfico e também tinha um sentido maior, do que estava acontecendo com toda a geração que tinha conhecido um Brasil de teoria. É um tema recorrente no meu trabalho, uma questão que sempre me acompanha, o da relação entre o país institucional e o país real.

Nosso pensamento oficial – a intelectualidade, a mídia, o governo – é até hoje, em grande parte, herdeiro da mente colonial e tem profundo preconceito em relação ao interior e ao que é popular. A história oficial reconhece a Tropicália e a Bossa Nova e rotula de brega o que o povo cantava e dançava na mesma época, Paulo Sérgio, Odair José, Márcio Greick, tantos nomes que faziam um sucesso tremendo longe da imprensa e só agora estão sendo resgatados. Um preconceito semelhante ao que existe com a música sertaneja. A nossa grande mídia descobriu a força da música sertaneja apenas pelo sucesso de meia dúzia de duplas que chegaram às grandes gravadoras e, agora, por meio do filme *Dois Filhos de Francisco* (Breno Silveira). Por aí afora há milhares de filhos de franciscos, criando uma indústria, gerando renda, falando de e para as pessoas e o pensamento oficial só conhece dois. Acompanho isso muito na música, no cinema, no teatro, no esporte, no futebol, mas a concentração da mídia nas redes fez com que se repetisse no Brasil o sistema internacional de criação de mitos. É até curioso ver a turma do *stablishment* vibrar com o sucesso do filme do Breno Silveira e faturar com um filme sobre um gênero musical que ela sempre abominou.

Fiz *A Difícil Viagem* impregnado dessa cultura, da *goianidade,* baseado numa história muito pessoal a que procurei dar uma dimensão maior. O filme foi rodado numa época em que a ditadura censurava tudo, inclusive os programas das escolas, que não podiam falar no país. A minha ida para Goiás me fez entrar em contato com a realidade concreta, com uma região que eu só conhecia de mapas e estatísticas. E conheci na estrada, parando em cada vila, em cada posto de gasolina.

Filmei no Araguaia, rio sagrado brasileiro, que percorri em quase toda a extensão. Nas margens dele, na paz estrelada das pescarias, ouvi muito do que o silêncio ensina. Aprendi a filmar nesse país que conheci fora dos livros.

A equipe de A Difícil Viagem *navega pelo Rio Araguaia*

A Difícil Viagem recupera essa minha viagem pessoal, iniciática, do cara da cidade que vive um choque entre os livros que leu e a realidade. A seqüência do naufrágio dos livros no Araguaia, citada por muitos, é uma síntese disso. E outra, um caboclo está para perder sua lavoura de milho por causa de uma chuvarada. Os amigos se reúnem e colhem o milho para que o amigo não perca a lavoura. O caboclo fica feliz e agradece com uma festa na qual o milho é comido como pamonha . Evandro (Paulo José), urbanóide, não entende o porquê de o homem não ter vendido o milho. Evandro quer ensinar às pessoas a sua lógica urbana, transferir sua cultura, dar aulas sobre uma desigualdade social que ele próprio não percebe que está ali, ao redor dele. Ele pira e pede a um amigo que mande livros para ele. Quando os livros chegam à beira do Araguaia, num dia de sol maravilhoso, ele põe os livros numa canoa e um índio (Bomfim) o adverte que vai chover. Evandro debocha do índio, o céu está limpo, e acaba vendo os livros sendo submersos pela súbita enxurrada de verão. É uma cena que sintetiza o filme e a maneira como aprendi a fazer cinema, tendo que jogar as teorias pro fundo da memória e colocar a câmara onde uma árvore permite e a curva do rio sugere.

No dia em que filmamos a cena, conversamos com a equipe e o elenco sobre ela. Vários técnicos e atores fizeram sua própria catarse e sugeriram livros que eles achavam que estava na hora de jogar no rio. Foi nesse clima que se fez *A Difícil Viagem*.

Preparando uma cena

Dirigindo Roberto Bomfim e Beatriz Castro

Capítulo XXVIII

O Prazer de Filmar a Céu Aberto

Filmando paisagens naturais e cenas do interior, acho que resgatei minha formação no interior do Rio Grande do Sul. As dificuldades da locação são altamente estimulantes para mim porque forçam a criar soluções, a me adaptar à região. A viagem de Evandro, para mim, é a viagem que faço a cada filme, essa constante interação com a locação.

Quando eu escrevia o filme, pensei imediatamente no Paulo José, que já era um monstro sagrado. Ele estava há sete anos sem trabalhar como ator, dirigindo programas na TV Globo e teatro. Quando o chamei, ele leu o roteiro, gostou, disse que faria o filme.

Pouco antes da filmagem, ele avisou que não poderia viajar porque estava se separando e tinha que dar apoio às filhas. Cheguei a procurar outros atores, mas, no fundo, sempre achei que o Paulo ia acabar fazendo o papel. Às vésperas de filmar, liguei e Paulo topou, achava interessante fazer aquela viagem. Fizemos a adaptação de todos os atores à região em que filmamos. Menos o Paulo, porque o personagem dele representava alguém que chegava ao interior pela primeira vez. Ele foi vivendo essa adaptação, essa mudança, tal qual Evandro no roteiro.

Trabalhar com Paulo José foi um aprendizado não somente profissional, mas uma lição de vida. Ele é uma pessoa profundamente generosa, não guarda para si o que conhece. Não interfere, mas faz observações sempre pertinentes. Dessa forma, ele ajudou muito no andamento do filme, com o personagem dele, com a pessoa que é, com o seu bom humor permanente.

Quando a gente preparava a cena do naufrágio dos livros, me recordo que estávamos olhando uma beira de rio no fim de tarde para as tomadas e ele falou *aqui não vai funcionar, é muito fundo e tem muita pedra*. Perguntei se ele havia falado com os moradores, ele respondeu que não. Ele já tinha mergulhado no local, tinha uma cena em que ele iria naufragar no rio e, antes, já se preparava por conta própria.

Paulo às vezes saia à noite, sozinho. Uma noite, vejo Paulo voltando cercado por vários cachorros. Observei. Os cachorros o seguiram e o deixaram na porta do hotel. A última cena do filme é Evandro, caracterizado como Jeca Tatu, já adaptado, na companhia de um vira-lata. No contato com os cachorros da cidade, Paulo fazia o seu laboratório. Um dia o João Antonio, ator de teatro, fazia a sua preparação para entrar em cena. Na preparação, a gente explicava que ele tinha de dissolver o personagem teatral, que ali a câmera comandava, a linguagem do filme era minimalista, etc. Lá pelas tantas, Paulo olha a preparação de João Antonio e diz para ele: *No teatro, tudo depende de você, até Shakespeare depende de você; no cinema, você depende da lente, do movimento da câmara, e seu trabalho vai sofrer tantas modificações, que aqui o ator é pouco mais do que um refletor...*

Capítulo XXIX

Enfim, um Orgasmo na Tela...

Quando Evandro decide ficar no interior, fiz o encontro dele com a natureza coincidir com o encontro da mulher. Evandro assume o amor da moça interiorana, que meses antes ele ignorava. O Araguaia já lhe tirou os livros; e depois, em outro momento, Evandro vai pescar e perde os documentos. O rio vai desnudando o personagem, primeiro o arcabouço intelectual, depois a identidade social e, por fim, a roupa. Fiz essa integração numa cena de amor dentro do rio, Evandro se integra a tal ponto com o rio, a natureza, a mulher, que ali tem um orgasmo. Na noite da pré-estréia em São Paulo, quando acabou a sessão, um camarada se levanta do cinema aos berros: *finalmente um filme que acaba com um orgasmo!!!*. Era o Reinaldo Volpato, cineasta e montador.

A outra leitura que fiz do filme é o da jornada iniciática, de um personagem que vai ao encontro de si mesmo. Trabalhei muito esse caráter mítico e místico da história.

O filme tem um curandeiro e uma cigana, aquele casal que aparece numa carroça e serve de instrumento para a viagem interior, funciona como guia. A mulher, a cartomante, lê o tarô e revela para Evandro o sentido último da viagem dele, o que ela representa para esse personagem que está se despindo de todas as suas couraças, dos papéis que representa, para se encontrar. Lendo Jung, soube que esses personagens são figuras muito freqüentes nos sonhos das pessoas que vivem a experiência que Jung chamou de *individuação*.

Por isso, fiz um jogo de tarô para o filme. Sobre esse jogo, construí a estrutura. O filme, todo ele, é conduzido pelos arcanos do tarô. O curandeiro, quando chega, é o arcano da carruagem. A imagem final, quando Evandro assume sua própria personalidade, é igual à do arcano zero, o louco, o símbolo da libertação, da *individuação* daquele que enfrenta a vida munido da roupa do corpo, uma mochila e um cachorro que ajuda a orientá-lo pelo desfiladeiro. O homem que assume sua humanidade e sua divindade.

Capítulo XXX

Um Filme Atual 25 Anos Depois

A Difícil Viagem foi lançado pela Embrafilme, teve a trajetória de todo filme brasileiro que não foi previamente incluído entre os destinados ao grande sucesso. Teve um lançamento médio, recepção ótima da crítica e acabou sendo mais visto depois na televisão. Hoje, ele começa a ser mais solicitado. Houve homenagens nos festivais de Recife e Goiânia, está fazendo 25 anos. O curioso é que continua muito atual. Não mudou nada neste período. Nas projeções feitas na mostra retrospectiva de Paulo José (que esteve em cartaz no CCBB em Brasília, Rio de Janeiro e São Paulo), o que as pessoas mais falavam é quanto o filme é atual. O filme abre com um engenheiro cuja empresa faliu por causa da mais recente crise econômica. Ele conversa com um amigo deputado, uma conversa absolutamente contemporânea.

Mais do que a volta das eleições, que são importantes embora continuem viciadas, o grande feito da redemocratização foi a recuperação do direito de a sociedade se organizar, de redescobrir seu espaço. A redemocratização está ocorrendo na vida particular e na convivência.

Isso é muito claro na cultura popular, nos meios e formas de comunicação social. Fecharam-se os cinemas, nossos filmes estão passando na praça; se os CDs têm grife e a grande emissora toca o que o jabá decide, o baile da periferia cria a sua música, o bumba-meu-boi retoma a rua, a emissora comunitária abre espaço. A reconstrução do Brasil é isso e agora, os espaços, sem dúvida, estão sendo reconquistados. Fiz o meu primeiro filme numa época de crise de identidade individual e coletiva. Ele é atual, visto que isso na verdade não é uma crise, mas uma questão permanente.

Capítulo XXXI

Misticismo no Planalto

Desde cedo, a minha idéia de religião e de Deus foi muito pouco ligada aos dogmas e formalismos e muito mais mística, mais ligada com a Natureza, com a viagem interior, do que com a formalidade, os ritos, etc. A caminho da maturidade, parti para a descoberta dos segredos, uma viagem permanente, pois os segredos só têm sentido enquanto continuam sendo segredos. A numerologia. O tarô. Aconteceu muito com minha geração, quando o sonho de construir o Brasil acabou. Vivi isso em plena integração com o Planalto Central, espaço de muitos místicos, voltado para o futuro, lugar onde ainda se acredita na utopia. E fiz análise, terapias. Recordo que numa primeira sessão de terapia comecei a contar minha vida, a formação influenciada pela Igreja Católica, depois a militância de esquerda, e o terapeuta perguntou e agora, *a que grupo esotérico você está se filiando?*

Neste período de buscas e mudanças, documentei Tia Neiva e o Vale do Amanhecer, conheci Raul do Xangô, apresentado por Nazaré Pedrosa. A aproximação com ele foi fácil, sempre tive uma visão mística e panteísta da vida, mas o panteão afro era apenas uma curiosidade intelectual. Conheci Raul num jogo de tarô, fui a rituais, ele me ajudou na crise e no conhecimento do candomblé e sua tradição. Com ele aprendi a ler o tarô, que tanto me ajuda na vida e me inspirou no roteiro do filme de estréia. Não considero Raul um pai-de-santo, um babalorixá, ele é um bruxo com uma profunda sabedoria, tem do mundo uma visão mágica, sem divisão entre o ofício e a vida cotidiana. Mais tarde, isso viria a influenciar também o roteiro de *Círculo de Fogo,* em que o misticismo está muito presente e há uma cena em que a personagem da Mallú, uma empregada, recebe uma pombagira no meio de uma festa da sociedade. Raul é uma das minhas amizades mais próximas, até hoje batemos papos homéricos, inclusive sobre política. Bastante procurado por políticos e pela imprensa, ele exerce discreta influência em muitas decisões. Pessoa e personagem, preparo um documentário sobre ele, uma idéia que nasceu num repente.

Meus projetos nascem assim, nessa repentina interação entre o que vejo e o que imagino, sempre reunindo situações recentes e antigas memórias, o inconsciente trazendo personagens e ditando soluções.

Agora mesmo acabo de rodar *O Homem Mau Dorme Bem,* título talvez provisório em homenagem a um antigo filme de Akira Kurosawa. A idéia nasceu de observações que fiz em postos de gasolina e de um personagem que conheci: um homem que não dormia há cinco anos. De repente, uma noite, comecei a escrever e quando o dia raiou estava com o argumento pronto, reunindo lembranças vividas e situações imaginadas.

Com o roteiro escrito, faço várias vezes a interação entre imaginação e crítica racional. *O Homem Mau Dorme Bem* reúne tudo isso no quadro da visão que tenho do Brasil de hoje.

Estamos vivendo uma descrença tão grande na política formal, nas relações institucionais, que as pessoas fora do sistema estão construindo o Brasil à sua maneira. O país está sendo recriado nas praças, nos municípios, nas comunidades, nas experiências alternativas. Se há alguns anos a descrença e o desconhecimento levavam as pessoas a não participar, à alienação política, hoje a atitude é outra, mais positiva. Já que a farsa se institucionaliza e os problemas não são resolvidos pelos canais oficiais, cada um abre seu boteco na esquina e tenta construir seu destino. Isso é muito evidente no interior, tem a ver com a sabedoria do homem interiorano. Nós, urbanos, nos justificamos, temos necessidade de verbalizar. O contato com a natureza silencia. A sabedoria popular criou um arquétipo perfeito disso, o *mineirinho-come-quieto*, que fala um monossílabo e faz o que quer. Como procuro fazer um cinema de imagens, espero ter aprendido alguma coisa com essas pessoas de pouca fala. No pacto do silêncio dos personagens de *A Difícil Viagem* não há explicação verbal. Eles conhecem a circunstância de um crime, se entendem com um olhar e não têm o que dizer um para o outro.

Capítulo XXXII

O Renascimento do Curso de Cinema na UnB

Voltando a trabalhar com cinema na UnB, fui estudar na Flórida, num intercâmbio de professores entre as duas universidades. A idéia inicial era um mestrado, mas depois de um mês vi que 80% do curso serviria apenas para eu ter um título de mestre, o que me renderia um aumento de 20% no salário e me faria perder uns cinco anos para escrever uma tese sabe-se lá sobre o quê. Reduzi minha permanência na Flórida, me concentrei em duas especializações: organização da produção e iluminação.

Voltei para a universidade, veio a eleição de Cristovam Buarque para a reitoria. Ele encontrou nas gavetas um convênio entre o BID, a UnB e a Fundação Roberto Marinho. Por ele, o BID bancava um projeto de educação popular com o uso de meios audiovisuais e a universidade repassava os recursos para a FRM. Cristovam me chamou, revimos o texto, Cristovam não aceitava a UnB como mera repassadora de verba. Sugeri que montássemos um centro de produção audiovisual e executássemos pelo menos uma parte do projeto. Cristovam reuniu um grupo de professores de Comunicação e da Educação para refazer o convênio. Pela nossa proposta, em vez de apenas dar aulas numa região carente, com o apoio de material audiovisual adquirido, a UnB criaria um centro de produção que permaneceria depois da vigência do convênio. Surgiu assim o CPCE – Centro de Produção Cultural e Educativa da UnB.

Cristovam fez uma demorada e cuidadosa negociação e metade dos recursos do convênio foi destinado à universidade. Conseguimos o apoio do Banco do Brasil e executamos o projeto por dois anos e meio na região de Barra do Garças, na divisa de Goiás com o Mato Grosso, onde a UnB tinha um câmpus avançado e a Universidade do Mato Grosso um centro pedagógico. Criei um projeto chamado Mapeamento Cultural do Centro-Oeste (Macuco), cuja sigla é o nome de uma ave. Fizemos convênios, produzimos vídeos educativos e documentários, usamos as câmeras da primeira geração do Betacam. Reunimos uma equipe de produtores com a participação de professores de vários departamentos, como Paulo Bertran, Elício, Anésio, Carlos Alberto, Nenilda Marinheiro, Victor Leonardi, depois Mallú e outros. Formamos uma equipe de produção – Tânia Montoro, Andréa Valente, Roque Fritsh e outros. Vladimir Carvalho, Carlos Del Pino, Joatan Vilela, Lionel Lucini fizeram documentários, fiz um com o escritor Bernardo Elis (autor de *O Tronco*) e o historiador Paulo Bertran sobre a história do Centro-Oeste, outro sobre os ceramistas da região, *Na Ponta dos Dedos*, além de *Moça de Engenho*. O material era utilizado como apoio nos cursos.

O CPCE foi muito importante para o cinema de Brasília. Além de produzir, dava estágios para alunos e apoiava a produção independentemente da cidade. Na época, o Centro participou da produção de *Césio 137*, do Roberto Pires, de *A Terceira Margem do Rio*, do Nelson Pereira dos Santos; e do média *André Louco*, da Rosa Berardo. Fizemos convênios como o da Fundação Pró-Memória, que antecedeu o Iphan, para registrar o patrimônio histórico de Goiás Velho. No trabalho, abríamos estágio para alunos. A Liloye Boubli e o Mauro Giuntini fizeram seus primeiros trabalhos no CPCE, por exemplo. Foi muito difícil convencer a academia que alunos deveriam se integrar no trabalho. Professores falavam que eles não tinham nenhuma experiência prática, não sabiam usar os equipamentos, a produção tirava os estudantes da atividade acadêmica...Se a gente olhar o cinema brasiliense de hoje, verá muitos nomes que passaram pelo CPCE.

Encerrei no CPCE minha experiência na UnB. Eu já era professor há muitos anos, estávamos numa fase de transição no Brasil, o ensino e a cabeça precisavam mudar. Gosto muito de lecionar, gosto de ensinar e de aprender com os alunos. Mas achei que estava na hora de passar o bastão.

A poucos quilômetros do câmpus, Fernando Collor de Mello assumia a Presidência da República, acabava com a Embrafilme, anunciava mudanças na aposentadoria. Pensei: se não sair agora, eu vou dar aulas até os 65 anos e, com as mudanças tecnológicas, estarei desatualizado para falar com alunos que nasceram com computador e *video games* na cama.

Houve uma debandada geral no ensino superior. Na UnB, saíram mais de 300 professores, os mais experientes. Depois de triturada pela ditadura, a universidade ia ser democraticamente golpeada a pretexto de salvar a Previdência Social. Pedi aposentadoria, deixei de ser um professor que às vezes fazia filmes para tentar ser um cineasta que de vez em quando dá aulas. Mas antes de me aposentar ainda fiz outro longa-metragem.

Capítulo XXXIII

Círculo do Fogo – o Jogo dos Poderes

Meu segundo filme, *Círculo de Fogo*, foi rodado em 1989 na cidade de Goiás, antiga capital do Estado, conhecida como Goiás Velho. O momento político do Brasil era outro e também o meu momento pessoal. No filme, abordo a relação entre a organização popular, os poderes político e da Igreja. O poder político é representado pelo prefeito, o da Igreja por um bispo. O conflito envolvia um padre da nova igreja e uma mulher, Luciana, ceramista de uma cooperativa. Como é uma personagem que busca em si mesma a força para resistir, o misticismo está muito presente nela e no filme.

O filme veio a acontecer na transição do governo militar para o governo civil e na transição dentro da UnB. Cristovam tinha assumido depois de um movimento que culminou com a eleição e a nomeação dele. Depois de tantos anos de repressão, a chegada de Cristovam provocava um estouro da boiada. Todo mundo tinha projetos, abria-se a porta do paraíso para quem sonhava com uma universidade livre e integrada na sociedade. E sob a forte desconfiança dos que achavam que a abertura do câmpus ia destruir a academia.

Geraldo Moraes e equipe são fotografados por Walter Carvalho em intervalo das tomadas de Círculo de Fogo, *em Goiás Velho (GO)*

Círculo de Fogo nasceu das minhas idas a Goiás Velho, bela cidade histórica, patrimônio da humanidade e, claro, da cultura goiana. Eu via a velha Goiás como representação da nossa História e, portanto, locação ideal para um filme sobre o choque entre o antigo e o emergente. Goiás tem uma tradição bastante conservadora, com uma aristocracia rural muito própria. E, ao mesmo tempo, nasciam em Goiás novas lideranças e uma presença muito forte da ala renovadora da Igreja Católica. Procurei colocar no microcosmo de Goiás esse choque entre o poder antigo, do coronelismo e da Igreja, e o novo, nascente, dos padres engajados, das cooperativas. E também o contraste entre o sagrado e o profano. E como esta simbiose acontecia numa mesma sociedade, com pessoas da mesma origem familiar, representei isso na forma do incesto. A relação de amor e ódio entre uma mulher e um homem, irmãos, que são próximos afetivamente e distantes politicamente, esse foi o arcabouço para a criação de *Círculo de Fogo.*

No momento que estava encerrando meu período no CPCE, mandei um documento para a reitoria da UnB, solicitando uma licença para poder filmar. Como era um projeto pessoal, achei que deveria ser licenciado. Cristovam me chamou e perguntou sobre o filme e com quem eu iria trabalhar. Expliquei que, além de outros profissionais, eu trabalharia com vários professores e alunos da UnB, como pesquisadores, atores, técnicos, assistentes, etc. Cristovam disse que a UnB daria todo apoio, que era um absurdo que um professor de cinema tivesse de se licenciar da universidade para poder filmar. Exemplificou com os projetos de outras áreas, em que a universidade inclusive se orgulhava de ter seu nome numa tese ou pesquisa.

O então governador de Goiás, Henrique Santillo, deu todo apoio à produção. Decidi fazer o filme sem a Embrafilme, numa produção totalmente independente. Fiquei uns dois anos buscando recurso, já tinha catado apoio em todos os lugares, era uma dificuldade enorme, não havia aonde ir mais e eu não queria produzir com a Embrafilme. Um dia me levantei cedo e de repente decidi pegar um avião e ir para o Rio de Janeiro. Paciência, eu teria que recorrer mesmo à Embrafilme. Liguei para o aeroporto e soube que em 45 minutos saía um vôo. No balcão fui despachado correndo porque os passageiros já tinham sido chamados pro embarque. Fui o último da fila. Na minha frente, um rapaz de terno. Era o Sérgio Faria, ex-aluno que conhecíamos da universidade. Perguntou o que eu estava fazendo, contei que ia para o Rio de Janeiro tentar recursos. Ele perguntou como era o filme. Contei rapidamente a história. Havia uma cena em que o irmão da protagonista dizia que tinha um dinheiro na poupança e queria comprar uma loja para ela. Sérgio perguntou se esse dinheiro não poderia estar na Caixa Econômica, falei que sim, seria o lugar mais natural. Ele, então, falou que estava trabalhando no marketing da CEF e estava buscando projetos que pudessem incluir *merchandising* da Caixa. Em resumo: antes de colocar o pé no avião, eu estava com a produção fechada e a CEF acabou entrando no projeto.

O filme foi lançado no auge da crise do césio 137 em Goiânia. Naquele momento, houve muita discriminação em relação a Goiás, espalhou-se pelo Brasil a idéia de que tudo que vinha de lá estava contaminado pela radioatividade. Reunimos técnicos, atores e fomos lançar o filme em Goiânia, para dar apoio a Goiás.

Círculo de Fogo foi todo rodado em Goiás Velho. Tivemos um cuidado muito especial com relação à direção de arte (realizada pela Raquel Arruda), porque a gente trabalhava em locais tombados pelo Patrimônio Histórico Nacional.

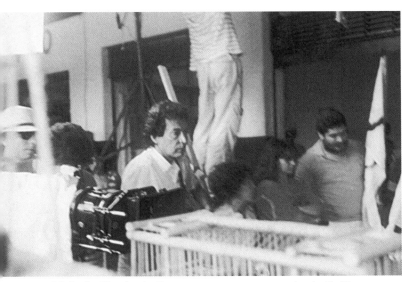

Dirigindo Círculo de Fogo *em cena no mercado de Goiás Velho (GO)*

Em Goiás tivemos todo apoio local, já conhecíamos bastante a cidade e tínhamos amizades por lá. Terra de mulheres fortes, como Cora Coralina, nela se destaca Antolina, conhecida por Tó, a grande defensora do Patrimônio Cultural da cidade. Ela, Helder e frei Marcos deram grande ajuda para a realização do filme. O frei Marcos era o homem da Igreja da Libertação no local. Helder e Antolina têm profundo conhecimento da História local e têm extremo cuidado com as tradições e o patrimônio. Pouco antes de filmar, Antolina falou que tinha de ficar no controle de tudo porque *vocês são muitos e não posso descuidar do patrimônio*. Na primeira semana, ela acompanhou todas as filmagens. Sentada numa cadeira, via tudo e respondia nossas dúvidas. Até que chegaram as filmagens noturnas. A gente trabalhava das seis da tarde às seis da manhã. Na terceira noite, Antolina disse que iria se revezar com outra pessoa, que éramos loucos e ela não tinha como acompanhar. Ficou chocada porque filmávamos a noite inteira e ainda haveria mais duas semanas de noturnas. E assim foi feito. Ela mudou de opinião sobre o cinema brasileiro, ficou fascinada pela forma com que a equipe se dedicava ao filme.

Círculo de Fogo terminava com uma longa seqüência sem diálogos, eu brincava que estávamos batendo o recorde do *Rififi*, de Jules Dassin, que tinha a seqüência famosa, a do assalto, com uns 15 minutos sem uma linha de diálogo. Na última cena do meu filme, Luciana toma consciência de que a única maneira de libertar a cidade do antigo poder e dela se libertar do jugo do irmão, era enfrentá-lo, jogando com a atração que ele sentia por ela. Ele era o braço direito do antigo coronel. Ela o atrai, sabendo do risco que corre. Ameaçada por ele, única solução que tem é seduzi-lo e depois eliminá-lo. A cena acontece na Procissão do Fogaréu e uso esse paralelo.

A Procissão do Fogaréu é diferente das outras. As procissões da Semana Santa ocorrem na Sexta-

Dirigindo Círculo de Fogo

Feira da Paixão, valorizam o sacrifício de Cristo. A do Fogaréu é uma celebração da entrega de Judas, do momento em que ele trai Cristo, é uma manifestação coletiva em que as pessoas revivem a perseguição e a entrega de Cristo. Todos ali estão vivendo o seu Judas, a cidade inteira vai para as ruas procurar e entregar Cristo. O ritual da Semana Santa de Goiás Velho celebra assim a tragédia da morte e ressurreição do Cristo, as pessoas assumem a traição e depois, arrependidas, vão celebrar a ressurreição. Talvez seja o ritual que mais representa o que significa a Páscoa e a relação entre morte e ressureição.

Luciana atrai o irmão durante a procissão, enfrenta-o e depois vai encontrar o namorado no mercado da cidade.

Dirigindo Círculo de Fogo

Dentro do mercado, nós tínhamos colocado uma sucuri, imagem que usei como metáfora do antigo poder, que é forte, morde, mas não é venenoso. O plano final é longo. Roberto Bonfim está esculpindo um apito de passarinho, Cristina Prochasca vem de longe, senta perto dele, ele dá um tempo, percebe que ela chorou, conversa com ela e, quando ela se tranqüiliza, a câmara se afasta dos dois e enquadra a sucuri enjaulada. Falamos com o treinador da sucuri, lembrei que ela tinha de olhar para a câmera quando chegasse nela. Em tom de brincadeira, disse que o ideal seria que ela botasse a língua para a câmara no final. Ele caiu na risada, isso era impossível... Fizemos a tomada e quando a câmara parou em frente à cobra, ela olhou para a objetiva, deu o tempo que o plano exigia, colocou a língua para o espectador e ficou parada, como esperando os créditos finais. A equipe inteira vibrou, fez a maior festa para a sucuri. No meio da alegria geral, Cristina e Roberto perguntaram se, além da cobra, os atores também tinham feito bem a cena...

Terminei de montar o filme um mês antes da posse de Collor. Na época, Moacir de Oliveira e Marco Altberg dirigiam a Embrafilme e disseram que gostariam de ter o filme no catálogo da distribuidora. Assinamos contrato, a Embrafilme fez

Dirigindo Círculo de Fogo

cópias para distribuição, produziu material para divulgação e Collor fechou a empresa dias depois da posse. Fiquei com um filme zero-quilômetro preso a uma distribuidora que não existia mais, sem possibilidade de exibir no Brasil. Depois da liquidação da Embrafilme, que levou dois anos e meio, consegui a liberação para exibir, mas o filme tinha três anos. Setenta títulos da Embrafilme ficaram sem mercado, entulhando as gavetas. Foi o período que as *majors* tomaram conta do mercado, chegamos a 0% de presença na tela com 70 filmes nas prateleiras e 100% de desemprego para os profissionais da área.

Nas filmagens com Carlos Del Pino

Capítulo XXXIV

Atores, Diretores, Locações: Identificação Necessária

Em *Círculo de Fogo* abordei a reconstrução do país pela própria sociedade através do conflito entre os poderes sagrado e profano. De um lado, o prefeito (Ednei Giovenazzi) e o bispo (B. de Paiva) formais e conservadores; de outro o padre e um militante (Venerando Ribeiro e Roberto Bomfim) e uma ceramista, Luciana (Cristina Prochaska), a protagonista. Um elo de ligação era Afonso (Tonico Pereira), o irmão da protagonista, ligado a ela por laços de família e ao prefeito por função. O outro a empregada do prefeito (Mallú Moraes). A trama é precipitada pelo assassinato de um caboclo (Rui Pollanah), cometido pelo irmão da protagonista, a ceramista que aos poucos vai percebendo que só ela poderá desvendar o crime e colocar o poder vigente em xeque.

Quando desenvolvi a história, a relação de amor e ódio entre Luciana e Afonso evoluiu naturalmente na forma de um incesto malresolvido. Um dos aspectos que mais me fascinam no trabalho de criação é a relação dialética entre o autor e a obra, o criador e seus personagens. Uma vez

Walter Carvalho retomou a dobradinha com Geraldo Moraes em Círculo de Fogo

definida a situação inicial, a história cria uma dinâmica própria e evolui, num jogo de colaboração e oposição entre consciente e inconsciente, criador e criatura. Quando era estudante, fui entrevistar Érico Veríssimo e falei que num romance dele eu tinha certeza da morte de um certo personagem. Ele disse que escreveu várias vezes essa cena, mas o personagem se negou a morrer...

O tema do incesto surgiu e evoluiu no meu roteiro. Na fase de pesquisa, fiquei sabendo que nas nossas cidades coloniais há todo um histórico relacionado com o tabu. No fausto da sociedade do ouro, havia uma corte local, uma aristocracia em Ouro Preto e outras vilas importantes. Como eram cidades pequenas e a aristocracia menor ainda, as famílias da elite se relacionavam entre si, e havia amplas relações de parentesco e ocorriam uniões consangüíneas. A situação que se impunha na minha história era coerente com a tradição, mas eu queria confirmar até que ponto ela resistiu no tempo e era preciso um certo cuidado para perguntar aos moradores. No final do primeiro dia de filmagem, um senhor que tinha acompanhado os trabalhos me perguntou sobre a história do filme. Quando estava no meio da narrativa, ele seguia com atenção a descrição do conflito entre Luciana e Afonso e de repente perguntou se no final haveria uma cena em que eles enfrentariam a relação incestuosa entre eles. Comecei a falar sobre os personagens, à espera de que ele adiantasse alguma informação. O homem nem me deixou concluir: *se não tem, tem que botar, porque sempre existiu muito por aqui.*

Fizemos o filme com a mesma base de equipe e elenco de *A Difícil Viagem*. Trabalhamos com vários atores e técnicos de Brasília e Goiás. Walter Carvalho foi mais uma vez o fotógrafo, Rachel Arruda e Mallú fizeram a cenografia e o figurino. No elenco, as novidades eram os nomes de Cristina Prochaska, Tonico Pereira e Rui Pollanah, que daí para a frente também passaram a ser parceiros na vida e no trabalho.

Entendo por que muitos diretores trabalham sempre com o mesmo núcleo de elenco e de equipe. Fellini, John Ford sempre trabalharam com um núcleo de atores e técnicos, isso ajuda a fazer da equipe uma grande família. Em primeiro lugar, existe afinidade pessoal. O cinema é ao mesmo tempo uma arte individual e extremamente coletiva. E filmar em locação implica numa convivência diária durante meses. Além disso, ninguém pode estar fora do projeto, como se costuma dizer, *todos têm que fazer o mesmo filme*. A regra vale do diretor ao garoto que serve cafezinho.

A outra questão é relacionada com a temática e os personagens. Eu trabalho na região Centro-Oeste, com tipos interioranos. Tenho que trabalhar com atores que, além do talento, também tenham o físico do papel e, mais do que isso, uma profunda identificação com a região. Não dá para ter, num filme que se passa no interior do país, alguém com saudade do asfalto ou que tenha alergia a mosquito e não consiga pisar descalço no chão. Sempre trabalhei com pessoas com quem me identifico e se identificam com o filme e a locação, que têm essa identificação e trazem contribuições para o filme e para o ambiente de trabalho.

Mallú e Venerando são goianos, Bomfim deve ter sido em alguma encarnação. Minha terapia, meu laboratório, é procurar possíveis locações por terra e rios. Tivemos um grupo de amigos que acampavam anualmente no Araguaia, pescando, viagem em que era proibido usar telefone, rádio e relógio. Bomfim e Venerando sempre foram os grandes companheiros de pescaria. Essa identificação contribui para o ambiente de trabalho e a atmosfera de um filme.

Em termos de locação, aconteceu com *Círculo de Fogo* o mesmo que houve com *A Difícil Viagem*,

Com o filho Bruno Torres e Roberto Bomfim nas filmagens de No Coração dos Deuses

a história surgiu naquela locação. No primeiro, tive a idéia durante uma pescaria, na beira do Araguaia. Os dois filmes têm cenas que eu realmente vi. Fiz *A Difícil Viagem* com imagens abertas para o rio e *Círculo de Fogo* no meandro dos becos. Em Goiás Velho, você raramente vê a esquina, como nas outras cidades coloniais. É uma cidade muito bonita de se ver, mas ela vai além, mais do que olhar o casario dá vontade de bater nas portas e conversar com as pessoas. Fiz isso, o elenco fez isso. As conversas em torno do cafezinho goiano renderam ao roteiro mudanças e confirmações.

Hoje conheço Goiás e Tocantins mais do que o Rio Grande do Sul em que nasci e essa identificação está presente no que faço, assim como a militância influencia no tratamento que dou aos meus roteiros.

O misticismo também está presente, vem desde a minha infância, de uma visão muito livre da religião, que foi fundamental para eu enfrentar a disciplina do Colégio Anchieta. E tem a ver com o permanente contato com a natureza e o interior, desde menino. Vi e vivi o bastante para aceitar o sobrenatural como natural e não falar em realismo fantástico porque a realidade é fantástica por natureza. O que nos guia é o mito. Isso está nos meus filmes. *A Difícil Viagem* foi estruturado em cima de um jogo de tarô. No caso de *Círculo de Fogo*, trabalhei abertamente com a questão do sincretismo. A relação entre a Igreja Católica, com sua divisão interna entre o bispo e o padre, e do outro lado o candomblé, representado pela empregada do prefeito. Ele, com todo seu poder, é espiritualmente dependente da empregada.

A personagem principal da Luciana encontra força para reagir no apoio político do padre e sua mãe espiritual, Iansã. O título do filme nasceu ao natural. Quando comecei a escrever a história vi que tratava de uma mulher cercada por todos os lados, por uma situação que a consumia e que a missão dela era romper esse círculo. Poucos anos depois, apareceu um filme americano com esse mesmo título. O que mais lamento na realização do meu filme é justamente a cena em que Luciana se vê cercada pelo fogo. Foi a última a ser filmada, a produção sem nenhum recurso, não havia condições para fazer novas tomadas. Ficou muito abaixo do que era preciso.

Capítulo XXXV

Histórias do Fim da Embrafilme

A lua-de-mel do governo com o liberalismo e a extinção da Embrafilme e do Concine foram trágicos para a nossa atividade, de um dia para outro ficamos sem produção, exibição e distribuição. O nosso cinema tinha atingido repercussão popular, quando havia salas em todo país. Roberto Farias cita com justo orgulho a fase em que os filmes davam lucro. Mesmo a Embrafilme, com todas as dificuldades, atingia razoavelmente o mercado. O fato é que o cinema brasileiro sempre mostrou capacidade de produção muito maior do que o mercado absorve, sempre bateu com a cara na porta de um mercado ocupado pelos produtos importados, desde 1911. Esse é o resumo da nossa história.

Nos anos 70, o cinema brasileiro chegou a fazer 100 filmes. Como tudo estava muito concentrado na distribuidora da Embrafilme, quando ela fechou acabou o cinema brasileiro. Chegamos ao zero.

Logo depois da posse de Collor, quando se anunciou a extinção da Embrafilme e do Concine, um grupo do cinema praticamente acampou em Brasília. A gente ia diariamente falar com ministros, deputados, senadores. Lembro da romaria aos gabinetes, com João Batista de Andrade, Assunção Hernandes, Luiz Carlos Barreto, Marco Altberg, Massaini. João Batista e Assunção ficaram na minha casa um longo período. Tinham uma co-produção com a Espanha, que já havia depositado recursos na conta da produção do filme, a Embrafilme tinha assumido o compromisso de entrar como co-produtora e, de repente, não só não havia Embrafilme como o dinheiro dos espanhóis estava preso no banco com o confisco das contas. Como explicar aos co-produtores internacionais que num período de paz o presidente da República confiscou o dinheiro e fechou a sua conta bancária? Era uma loucura total.

Conversar com o governo de então era assistir um curso intensivo de hipocrisia. Diziam que a Embrafilme recebia fortunas do Tesouro e era um cabide de empregos; mostramos que há anos a Embrafilme tinha uma máquina bastante enxuta e vivia dos recursos da própria atividade, funcionava como empresa. Passaram a argumentar que o Estado não tinha que produzir nem comercializar; isso era função da iniciativa privada e a regra do governo era a privatização; propusemos que então a empresa fosse privatizada e o próprio setor assumiria a administração dela.

Com João Batista de Andrade e o filho Bruno Torres na Chapada dos Veadeiros (GO)

E assim foram as reuniões, a cada argumento derrubado o governo surgia com outro, até que ficou clara a intenção de extinguir o cinema através do fechamento da Embrafilme e de liberar o mercado acabando com o Concine. Nem produção, nem distribuição, nem fiscalização. Isso foi feito no país que voltava à democracia. E como voltava à democracia, Collor durou pouco.

Quando assumiu Itamar Franco houve uma mobilização para que o cinema voltasse à atividade. Itamar era objetivo, tinha uma lógica de caboclo de interior, uma grande qualidade que nossa boa elite desdenha até hoje. Ele equacionava os problemas e buscava soluções rápidas, com poucas palavras. Foi no governo dele que se fez a retomada da produção cinematográfica, foi aí que surgiram as duas idéias básicas: recuperar imediatamente a produção e criar um mecanismo de fomento de médio e longo prazos. A recuperação imediata da produção aconteceu com o Projeto Resgate, os R$ 40 milhões que a Embrafilme tinha em caixa quando fechou e o Tesouro Nacional recolheu. O mecanismo permanente seria os incentivos fiscais, o máximo que o quadro político da época permitia.

Capítulo XXXVI

De Estilingue a Vidraça

Itamar formou seu ministério e nomeou Antonio Houaiss para a pasta da Cultura. O Ministério estava mais pobre do que sempre foi e tinha um quadro mínimo de funcionários, mas Houaiss era obstinado e um nome de respeito, poderia obter apoio e alterar a situação. A Secretaria do Audiovisual se reduzia a três salas e meia dúzia de funcionários.

Eu tinha participado do grupo que defendeu a Embrafilme, vinha de uma militância contra a ditadura na Universidade, anos antes fiz parte do grupo de trabalho que elaborou o projeto de criação do Ministério da Cultura. Recém-saído da UnB, preparava projetos pessoais quando mais uma vez fui apanhado por uma dessas sincronicidades da vida.

Quando assumiu, Antonio Houaiss buscou a assessoria do jornalista Luiz Gonzaga Motta e de Roberto Amaral, secretário-geral do PSB, partido do ministro. Gonzaga e eu éramos colegas na UnB, amigos e companheiros de pescarias; e Amaral eu tinha conhecido na época da UNE. Quanto ao ministro, eu o tinha conhecido em Caxias do Sul durante um Congresso da ABPEC (Associação

Brasileira de Ensino e Pesquisa da Comunicação), entidade a que eu pertenci nos tempos de universidade. Na ocasião, participei de um debate com ele, que depois mostrou curiosidade pela gastronomia regional. Fiquei dois dias pelos vilarejos, mostrando para o *gourmet* Houaiss os vinhos e a comida da colônia italiana. Ele comentou que não conhecia no mundo uma região com tamanha variedade em gastronomia.

Reunidos para formar a equipe do Ministério, os três me conheciam e chamaram para uma reunião. Conversamos sobre o MinC, perguntaram sobre a Secretaria do Audiovisual. Senti a pergunta como uma sondagem, falei que Ruy Solberg estava sendo indicado por entidades e cineastas e era o nome ideal para a função. Trocamos mais algumas idéias sobre política cultural e sai com a certeza de que o assunto estava encerrado. Eu estava cuidando da minha vida e nunca tive a intenção de ser secretário ou assessor de ministério.

Três dias depois, o Houaiss me chama outra vez. Disse que também não procurou ser ministro e agora precisava formar uma equipe com pessoas com quem tivesse alguma afinidade e fossem apoiadas pelos setores e pelo partido dele. Tinha gostado da nossa conversa anterior, me oferecia a Secretaria de Planejamento. Levei um susto, falei que essas secretarias atuavam principalmente no planejamento econômico, obrigado, não era a minha área. Não demorou muito, me chamou mais uma vez, agora com Amaral e Gonzaga Motta. Eles renovaram o convite, insistiram na necessidade de Houaiss ter uma equipe da sua confiança, ele esclareceu que o setor financeiro ficaria com a Secretaria de Administração enquanto o Planejamento cuidaria da coordenação das políticas do ministério. Pedi tempo, embora não quisesse nenhum cargo não poderia ignorar os argumentos e o renovado convite.

Naquele instante a atividade cultural estava parada, os setores se mobilizavam, Itamar reunia os escombros para colocar o governo em pé outra vez. Aceitei o convite. Foram dois meses no Planejamento, meses em que não me senti à vontade porque o Ministério não tinha as mínimas condições de trabalho, Houaiss lutava para organizar tudo e buscar recursos. Quando tínhamos um plano elaborado e a conjuntura começava a melhorar, fui procurado por Ruy Solberg, com quem falava seguidamente no Ministério. Ruy falou que estava tendo uma dificuldade enorme para permanecer no cargo, ele em Brasília, os filhos no Rio de Janeiro e a esposa indo trabalhar no interior de São Paulo. Ia pedir demissão,mas já queria ter a indicação de um novo secretário, não iria jogar o cargo na mesa do ministro. Disse que já tinha falado com algumas pessoas do setor e tinham chegado à conclusão de que o nome natural seria o meu. Para mim, é óbvio que me sentiria mais à vontade no audiovisual, mas falei que só aceitaria se tivesse apoio do setor. Dias depois ele e um grupo me procuraram para dar apoio e falar com o ministro.

Fiquei na Secretaria do Audiovisual em 1992/1993. Como sempre estive na posição de quem pressiona o governo, tive de refazer a cabeça. A militância para mim sempre foi uma questão de princípios, certamente por isso eu estava recebendo o apoio do setor; ocupar um cargo político abre a possibilidade de atingir determinados objetivos. Estabeleci duas metas: Ruy deixava pronta a Lei do Audiovisual, era preciso fazer a regulamentação para que ela viesse efetivamente a funcionar; ele também tinha encaminhado a liberação dos recursos para o *Projeto Resgate*, era preciso colocar o dinheiro na conta do MinC e voltar a produzir. Essas eram as tarefas, sem isso a atividade permaneceria estagnada, o resto era secundário. A lei foi regulamentada e implantamos a primeira parte do *Projeto Resgate*, que viabilizou 40 filmes.

Com Luiz Alberto Pereira no período em que coordenou a Secretaria do Audiovisual do Ministério da Cultura

Capítulo XXXVII

Descobri que era Pessoa Jurídica

A participação na secretaria foi um desgastante aprendizado. No Planejamento minha atividade era toda interna, no próprio Ministério; no Audiovisual, me relacionava direto com o alto escalão do governo e com o pessoal do setor, minha função era fazer esse meio-de-campo entre o paletó e a gravata e as reuniões com os colegas.

Tomei consciência das obrigações formais do cargo numa viagem que fiz ao Rio de Janeiro. Jorge Monclar, amigo de longa data, estava na direção do Sindicato carioca, telefonou para me cumprimentar pela posse e combinamos um almoço. Pouco depois, Vera Zaverucha, coordenadora da Secretaria no Rio de Janeiro, me alertou que o almoço com Monclar poderia criar problema. Eu era o secretário e estava priorizando um Sindicato, quando deveria almoçar com vários dirigentes de entidades. Naquela altura, setores já estariam preocupados que eu fosse no MinC uma espécie de porta-voz dos técnicos. Tentei mostrar que eu ia almoçar com um amigo, nada mais, e Vera usou uma frase que definiu tudo: *enquanto estiver na Secretaria, você é pessoa jurídica...* Caiu a ficha, eu precisava representar o papel com todos os ônus da função.

Capítulo XXXVIII

Um Político Objetivo e de Palavra

A primeira conversa com Itamar Franco durou poucos minutos. Fui me apresentar como secretário, agradeci a nomeação e ele foi de uma objetividade total. Cumprimentou e fez uma única pergunta. *O que o cinema brasileiro precisa?* Em duas frases falei que a produção estava estagnada, o governo já tinha dado sinal verde para a Lei do Audiovisual e a devolução dos recursos para o *Projeto Resgate,* mas era urgente viabilizar os dois. Ele perguntou o que precisava ser feito. Regulamentar a Lei do Audiovisual e liberar os recursos, respondi. *Então é isso que nós vamos fazer*, afirmou o presidente. E cumpriu, empenhou-se pessoalmente.

O Tesouro Nacional, dirigido pelo Murilo Portugal, sempre tinha uma desculpa para não liberar o recurso. Era preciso localizar onde estava, qual a rubrica do recolhimento, etc.. Houaiss entrou no circuito, falou com o Ministério da Fazenda, a liberação emperrava, resolvi apelar para o presidente. Falei com Mauro Durante, chefe de gabinete da Presidência da República, lembrei a frase de Itamar. Meia hora depois, Mauro ligou dizendo que o presidente havia determinado ao

Tesouro a devolução imediata da verba. Eu estava vendo por dentro como os Ministérios da Fazenda trabalham, jogam contra o time e como a decisão de um presidente agiliza a burocracia.

Outra batalha era o Legislativo, aos poucos fui aprendendo que no embate entre as bancadas o fato de uma ser da oposição e outra da situação conta mais do que o eventual interesse do país. E comprovei a importância do cinema brasileiro, a força de várias de suas lideranças e dos nomes famosos, os efeitos da sua mobilização. Naquela época, o cinema brasileiro não tinha tantas entidades como agora, havia sindicatos e algumas associações, mas o nível de organização coletiva estava longe do atual. Na história recente, tudo tinha girado em torno da Embrafilme, a produção era muito centralizada em Rio e São Paulo, o curta era um movimento pequeno. As maiores lideranças eram muito ativas e sustentavam seu prestígio na importância do Cinema Novo e no trabalho que tinham feito na Embrafilme e no Concine. Com esse currículo e uma grande combatividade, abriam portas e criavam constrangimento aos parlamentares mais reticentes.

Destaco em primeiro lugar a figura de Luiz Carlos Barreto. Incansável, batalhador, incisivo nas conversas com o poder. Na briga pela liberação da verba do *Projeto Resgate*, marquei uma reunião com Murilo Portugal, o homem que tinha a chave do cofre. Não comuniquei a ninguém, era uma tarefa da minha rotina de secretário do Audiovisual. Quando sai do Ministério, Barreto estava chegando. Falei aonde ia, ele disse na hora: *Se o Murilo Portugal criar problemas, liga pra mim que eu movimento a classe e a gente denuncia o Tesouro como inimigo público número um do cinema*. Ao lado dele, houve outras figuras importantíssimas – Gustavo Dahl e Roberto Farias, além dos já citados Altberg, João Batista, Assunção, Massaini, todos fundamentais para a reconstrução do cinema brasileiro. A mobilização foi grande, cada um fazia sua parte, Norma Bengell deu um beijo na boca de Itamar Franco no dia em que ele anunciou a criação de inventivos fiscais. Tudo isso compensou a maior parte das limitações de uma Secretaria do Audiovisual, à época sem recursos nem pessoal. Recuperei a má imagem que tinha do serviço público vendo quanto Vera, José Francisco, Sérgio Assunção se desdobravam para dar conta do trabalho. Nessa circunstância, o cinema inteiro funcionava como assessoria informal. Um dia Cacá Diegues ligou com uma ótima sugestão para a regulamentação da Lei do Audiovisual. Sem equipe, pedi que ele redigisse o artigo e mandasse por fax porque eu não tinha quem fizesse isso na secretaria. Ele escreveu, incluímos na minuta do projeto.

Capítulo XXXIX

Movido a Calmantes

Como sempre fui militante, o poder sempre foi para mim o outro lado e o empecilho. No Ministério da Cultura eu era a vidraça onde sempre atiramos pedra. Membro do governo, tinha de entender as razões de Estado, as prioridades, os bastidores; homem de cinema, conhecia as dificuldades, ouvia as propostas e recebia pressões. Vivi pessoalmente os problemas do pessoal da classe em desespero e ao mesmo tempo as angústias de um Ministério que dispunha de pouco mais de um ano para refazer o que tinha sido destruído pela caneta de um presidente. Eu passava a semana no MinC e o fim de semana sem dormir, preocupado com o que iria fazer na segunda-feira para resolver o problema de um produtor que havia me ligado na sexta. Lembro que Ana Maria Magalhães estava fazendo um episódio de um filme, *Erótica,* uma co-produção internacional. Numa sexta-feira à tarde, estava chegando em casa quando ela ligou. Estava desesperada, filmando em locação, tinha que pagar o pessoal na segunda-feira e o dinheiro da produção não havia sido liberado. *Se o filme parar, vou prejudicar o cronograma dos produtores dos outros países*, falou Aninha.

Passei um fim de semana terrível, como se fosse filme meu. Mas como Houaiss era cúmplice das nossas angústias, deu apoio, telefonou, foi atrás da liberação do dinheiro.

Quando foi feito o *Projeto Resgate*, o MinC não podia administrar os recursos porque não era um agente financeiro. A verba foi repassada para a Finep. Começaram a sair os recursos dos filmes vencedores da primeira etapa. Lá pelas tantas estávamos às vésperas do Festival de Brasília, Sara Silveira telefonou desesperada. O filme *Alma Corsária,* do Carlão Reichenbach, havia sido selecionado no festival, estava no catálogo com data marcada para a projeção e a cópia não estava pronta porque ainda faltava assinar uns documentos com a Finep. O MinC em Brasília, o Finep no Rio, tudo era lento. A única possibilidade de fazer a cópia era convencer o laboratório e os técnicos de que o recurso existia e seria pago. Foi uma confusão, mas no fim todos aceitaram as promessas de pagamento. Em resumo, a cópia do filme ficou pronta no Rio de Janeiro na tarde do dia da exibição, que seria às 20 horas em Brasília. Lembro até hoje de Sara Silveira aos prantos comunicando o público do Cine Brasília que o filme seria exibido. A cópia tinha acabado de chegar depois de uma verdadeira gincana.

Na gestão Houaiss foi promulgada a regulamentação da Lei do Audiovisual e organizado o primeiro módulo do *Projeto Resgate*, que escolheu num concurso os primeiros filmes do que depois foi chamado de *a retomada*. A saída dele foi justificada por motivos pessoais, mas, coincidentemente ou não, a mídia começou a fazer campanha contra ele logo depois que declarou que a democratização do país passava pela dos meios de comunicação, a televisão em particular.

Entrou Jerônimo Moscardo, diplomata por profissão, radical por temperamento. Ele me manteve na Secretaria do Audiovisual, mas a veemência com que defendia suas posições começou a tornar difíceis algumas negociações. Nacionalista radical, poucas semanas depois de nomeado fez declarações contra o ministro da Fazenda, Fernando Henrique Cardoso. Itamar chamou Moscardo: ou se retratava ou saía do ministério. Dias depois o ministro da Cultura era o Luiz Roberto Nascimento e Silva.

A nova mudança me fez repensar a minha permanência na Secretaria do Audiovisual. Eu me sentia desgastado, o período tinha sido muito conturbado e eu tinha tido alguns atritos com o gabinete de Moscardo. Foi o caso da cota de tela, que ele exigia que fosse acima do que o próprio setor desejava e podia cumprir naquele momento de reinício da produção. Exausto, fazia um mês que eu só conseguia descansar com a ajuda de remédios. Lembrei o que tinha passado na vida, da ditadura à falta de emprego, da separação à perda do pai, dificuldades que superei retomando o otimismo sem apelar para tranqüilizantes. Além disso, eu tinha cumprido minhas metas, a Lei do Audiovisual tinha sido regulamentada e a produção retomava o ritmo e tinha sido chamado pra trabalhar com o Houaiss. Continuar para quê?

Nascimento e Silva me manteve nos primeiros dias, mas senti que ele queria formar a equipe dele e me preservava por causa do apoio do setor. Ele ouvia muito o Miguel Faria Jr. Percebi que Miguel era o secretário que ele queria. Dias depois, Nascimento ia dar posse aos novos secretários, eu era o único que ainda permanecia. Miguel e eu nos conhecíamos há bom tempo, falei para ele que eu iria sair. Tive encontros com lideranças do cinema na época e a satisfação de receber apoio caso quisesse continuar.

Fui falar com o Nascimento no Rio de Janeiro. Antes, Barreto me chamou para conversar. Foi extremamente ético e objetivo. Queria saber se eu pretendia permanecer na secretaria, sabia que eu tinha apoio do cinema e ele era amigo do novo ministro; se eu quisesse ficar, ele daria apoio; mas se não quisesse, era preciso tratar logo da minha substituição. Falei que estava na hora de sair. Quando cheguei ao Palácio Gustavo Capanema, Miguel já estava na ante-sala. Nascimento me convidou para assumir outra função na equipe. Não daria certo ter o antigo secretário trabalhando ao lado do novo. Além disso, eu morava em Brasília, do lado do MinC, e Miguel no Rio de Janeiro, isso poderia criar uma dificuldade tremenda. E eu continuava decidido a não fazer carreira no serviço público. Voltei a Brasília para fazer cinema.

Na grua em No Coração dos Deuses

Capítulo XL

No Coração dos Deuses – uma Aventura no Coração do Brasil

Retomei a minha atividade e comecei a preparação de *No Coração dos Deuses*. Não tinha podido concorrer ao *Projeto Resgate* porque estava no MinC. Depois, me dediquei ao projeto. A idéia de *No Coração dos Deuses* é curiosa. Quando eu tinha meus 15 anos e tinha na cabeça a decisão de trabalhar com cinema, via filmes de faroeste americano e muitos brasileiros e comentei com meu pai que o Brasil não contava sua História. Não tendo uma indústria, a gente não tinha aquele gênero de filmes que reconstituísse a nossa conquista do Oeste, do interior, a formação da nacionalidade. Meu pai me deu de presente uma coleção de livros de Paulo Setúbal, como contei antes.

Paulo Setúbal é um escritor que tem uma situação muito própria na literatura brasileira. Grande parte dos seus livros trata do episódio das Bandeiras. Ele estudou os bandeirantes e seus livros são roteiros audiovisuais. Havia vários livros dele que tinham me marcado. Quando eu estava nesse período, meus filhos mais novos André Moraes e Bruno Torres estavam na mesma faixa de idade, vendo os filmes de aventura e os de Steven Spielberg e fizeram o mesmo comentário comigo. Se eu, quando tinha 15 anos, percebi essa lacuna e essa geração também, talvez fosse a hora de fazer um filme assim. No Brasil havia uma consciência da reconstrução do país a partir das suas origens e esse resgate rendeu então muitos filmes brasileiros históricos. Após o fim da ditadura, os cineastas apresentaram vários projetos sobre a História do Brasil, como *Villa-Lobos* (Zelito Viana), *O Guarani* (Norma Bengell), *Mauá* (Sergio Rezende), *Hans Staden* (Luiz Alberto Pereira). Resolvi fazer um filme histórico sobre essa tentativa de reconstruir a História do Brasil.

Construí o roteiro como um filme de aventura, tendo como situação básica um grupo de pessoas de hoje tentando refazer o caminho das Bandeiras, o roteiro de Anhangüera para a Serra dos Martírios, o episódio símbolo da fundação do Brasil, já que o descobrimento é uma obra portuguesa. Ao fazer a viagem, eles convivem com o que aconteceu no século 17. Fiz uma homenagem e um reconhecimento à influência de Paulo Setúbal e reproduzi, em especial, a morte do filho de Fernão Dias, condenado pelo pai – como está no livro. O filme foi feito para falar com a nova geração e nele procurei um contato com o grande público.

O trabalho de preparação foi muito longo, pela pesquisa sobre as Bandeiras. Contei com a participação de Paulo Bertran, que era um historiador apaixonado especialmente pela época das Bandeiras, e recebi uma contribuição dessa figura maravilhosa que é Manuel Rodrigues Ferreira. É um homem que se dedicou ao tema e a quem eu dediquei o filme.

No século 17, o Anhangüera esteve na região do Rio Araguaia. Pela primeira vez na nossa história, ele encontrou ouro. Até aquele momento, as bandeiras saíam à caça de escravos, buscavam escravizar os índios. Ao encontrar ouro, ele ficou quieto, não fez alarde porque sua expedição não estava preparada para garimpar. Voltou para São Paulo e fez um relato, descrevendo o local onde esteve. Foi isso que mudou a política de Portugal em relação ao Brasil. Por isso, digo que as Bandeiras são o momento fundador do Brasil.

A partir dali, as incursões ao interior deixam de ser excursões em busca de escravos e se tornam expedições demoradas. A procura do ouro exige que as pessoas fiquem mais tempo nos locais. Elas ficam mais tempo na beira dos rios, o que cria núcleos, vilas, pequena agricultura, criação e domesticação de animais, enfim, permite maior fixação. Dessa forma, foram nascendo cidades no interior, o Brasil deixou de ser uma faixa de litoral de cara virada para o mar à espera das caravelas da Europa e voltou o rosto para dentro. O barroco reflete muito bem isso, essa *desportuguesação*... Ponho no filme a discussão da fundação do Brasil, tenho até um momento em que coloco isso explicitamente. Criei um personagem, feito por Antonio Fagundes, um sujeito meio alucinado do interior que acredita que é preciso reconstituir a História e ele faz um discurso sobre isso, sobre a necessidade de reconstruirmos o Brasil, uma realidade que vivemos nos anos 80 e 90, de superação da ditadura, da volta à democracia, a nova Constituição e o renascer do interior, das comunidades, dos municípios, etc., etc. O problema de hoje, enfim, já que não se alterou a base que sustentou a ditadura.

Procurei realizar esse filme em Goiás, onde sempre filmei. A essa altura já havia o Estado do Tocantins, onde acabei rodando *No Coração dos Deuses*. Não tinha nenhum contato com o Tocantins, mas me agradava fazer lá porque o local em que Anhangüera achou ouro era exatamente no Tocantins, na região de Xambioá, às margens do Araguaia. Um grande amigo meu, Osvaldo Della Giustina, companheiro de cineclube no Rio Grande do Sul, estava em Brasília e conversei com ele sobre o projeto. Ele perguntou se eu

Nas filmagens com Antonio Fagundes

não queria filmar no Tocantins, onde ele tinha trabalhado na criação do Estado. Fiz uma carta para o governador, que era o Siqueira Campos, e ele encaminhou.

Quatro dias depois, recebi um telefonema me chamando para uma reunião com representantes de Tocantins em Brasília. Levei um susto danado quando cheguei ao escritório: eu pensava que ia falar com mais um Secretário da Cultura sem recursos e estavam lá o Secretário da Fazenda, Adjair Lima, e o do Planejamento, o Lívio Reis de Carvalho, uma grande figura que foi professor da UnB. Acontece que quando o

Osvaldo me falou que havia possibilidade de filmar no Tocantins, eu já conhecia bem a região e preparei um projeto para o Tocantins com todos os custos e detalhes da produção. Os secretários me disseram que o governador concordava em apoiar, mas precisava de um projeto. Como eu já tinha o projeto na mão, eles imediatamente analisaram as planilhas e todos os dados.

No dia seguinte, recebi um telefonema do gabinete do governador marcando reunião para segunda-feira às 10h50. Ele tinha uma reunião com o secretariado e, no intervalo desta reunião, queria falar comigo. Achei estranho, mas, em todo caso, fui para lá. Foi a audiência mais rápida e eficiente que tive até hoje para a realização de um filme, lembrou aquela com o Itamar Franco. Ele me atendeu em pé no corredor e a audiência não durou cinco minutos. Eu tinha preparado uma fala para convencê-lo... Quando eu o cumprimentei, ele desmontou meu discurso. Falou *muito obrigado, pela oportunidade de divulgar o meu Estado...* Antes que eu respondesse, ele contou que teria condições de ajudar e me mandou conversar com o Lívio. Falou que não tinha recursos, mas tinha o telefone e a caneta, instrumentos poderosos para o filme sair. Siqueira Campos foi mais que um apoiador, um parceiro que fez o possível e o impossível para *No Coração dos Deuses* ficar pronto.

A base da produção ficou em Palmas. Nós fizemos locação num círculo com distâncias máximas de 70 quilômetros da capital. Todos os dias, o governador ligava para saber como tinham sido as filmagens e se precisávamos de algo. Houve um envolvimento do Tocantins, da população, de todo mundo. Precisávamos da participação de uma tribo de índios, tivemos apoio da Funai. Vieram os Krahô, do norte do Tocantins, ficaram um mês com a gente, reconstruíram uma aldeia do século XVII com a nossa cenografia, comandada pelo Marcelo Larrea. Trabalhamos com garimpeiros como figurantes, eram verdadeiros descendentes dos bandeirantes.

O Tocantins estava dentro do filme e Palmas virou uma referência para mim. Durante um ano e meio, depois de *No Coração dos Deuses*, procurei agradecer como podia e fiz um trabalho na Universidade Federal de Tocantins, com oficinas de direção, produção, roteiro, para colaborar com a formação de pessoal. Havia uma produção incipiente no Estado. Das oficinas e reuniões com o pessoal de lá, Tatiana Bastos criou o Chico, Festival do Tocantins, que está funcionando apesar das dificuldades. O filme foi mais um momento marcante na minha vida, pois me levou a filmar de novo o lugar que amo tanto, o Vale do Araguaia e Tocantins.

A preparação levou mais de quatro anos. Era muito trabalhoso por mostrar um grupo de pessoas que viaja na História e encontra personagens históricos e do imaginário. Então, era um elenco imenso. Atores principais e secundários eram 27. Eu estava muito imbuído da idéia de fazer um filme popular e falar com a turma mais nova. Setenta por cento do público brasileiro tem menos de 29 anos. Como sempre, fiz uma mescla de atores locais com outros mais conhecidos. Antonio Fagundes, Regina Dourado, Tonico Pereira, Ângelo Antonio, André Gonçalves, Cosme dos Santos e atores locais – Bruno Torres, Mauri de Castro, Mallú Moraes e Venerando Ribeiro. Era importante para mim essa mistura. O montador foi Michael Ruman, extraordinário e muito criativo. Na música, trabalhei com André, meu filho.

A minha idéia era ter como autor da trilha o Márcio Mallard, da Sinfônica do Rio de Janeiro, um grande amigo que sempre mereceu uma oportunidade à altura do seu talento. Em casa, à medida que ia escrevendo, André, com 17 anos, acompanhava e estava no início de sua carreira musical. Um dia passei para ele a nova versão

Com a equipe de No Coração dos Deuses *em tomada nos arredores de Palmas (TO)*

do encontro dos aventureiros com a bandeira de Fernão Dias e uma hora depois o André me entregou uma música que compôs depois de ler a cena. Eu sempre passava o roteiro para ele e Bruno, para ter a opinião daquela geração. Ouvi a música que ele tinha feito e fiquei abismado, achei que era exatamente a música que eu queria no filme. Mas como se tratava do meu filho, achei que poderia ser corujice minha. Tempo depois, o Márcio Mallard veio a Brasília acompanhando a Maria Bethânia e, jantando com ele em minha casa e conversando sobre a trilha, falei que gostaria que ele ouvisse a música do André. Quando acabou, Márcio, emocionado, disse que a trilha do filme deveria ser feita pelo André e que ele ficaria muito feliz em ser chamado para tocar. André tinha feito trilhas para comerciais e oficinas com Davi Tygel, amigo e companheiro do meu filme anterior e orientador muito importante para ele na realização do filme.

Um dia, André chegou para mim e falou que achava que o Sepultura teria que estar na trilha. O Sepultura estava no auge, nem parava no Brasil. Achei que ele estava delirando e que seria muito caro para o filme. Não desestimulei, mas não acreditei muito, confesso. Três dias depois, André me comunicou que o Sepultura iria tocar no filme. Tinha localizado a mãe de Igor Cavallera no interior de Minas Gerais, ela passou o telefone dele nos Estados Unidos, André conversou com ele, contou como era o filme e Igor e Andréas Kisser disseram a ele que fariam a trilha sonora porque, mesmo nos Estados Unidos, eles nunca haviam sido chamados para um trabalho no cinema. Isto foi ainda durante a produção. Igor e André estiveram conosco quando filmamos com os índios, ouvindo as músicas deles e trabalhando musicalmente o tema.

Trabalhamos muito na pré-produção. Tudo tinha que ser muito bem preparado, era um filme complexo em termos de produção.

Nas filmagens com Christina Prochaska

Muitas cenas, duas épocas, elenco grande, naquele calor de 35 graus do Tocantins, tudo requeria cuidado. Mallú e Marcelo Torres fizeram um trabalho incansável na produção. Escolhi todas as locações próximas a cachoeiras. A gente trabalhava no cerrado ou no meio do mato, num calor danado, mas tinha uma hidromassagem natural para relaxar. Realizar o filme acabou sendo uma aventura gostosa para todos. Cosme dos Santos, um carioca da gema, dizia que eu tinha que filmar no Rio de Janeiro, longe dos mosquitos e do mato, ele com aquele pensamento de quem mora no litoral. Eu dizia que se ele fosse filmar no Araguaia, iria se apaixonar e trocar o

Rio de Janeiro por uma beira de rio e ele achava que era piada. À medida que foi trabalhando no filme, convivendo com as pessoas, foi entrando na viagem. Quando a gente estava filmando sua última cena, numa balsa, antes de sua despedida com o *set*, ele, no meio de tudo, me deu um abraço e falou que entendeu a minha paixão pelo interior. Ele viveu essa experiência.

Capítulo XLI

Índio quer Foto

Íamos filmar a cena do enforcamento do filho de Fernão Dias. Estávamos com um grupo enorme de garimpeiros como figurante. A produção cercou o espaço e fez uma entrada única para que os figurantes deixassem todos os objetos que pudessem identificar o século XX. Isto era guardado e catalogado. Foi feito com um máximo de cuidado. Estariam em cena Antonio Fagundes, Roberto Bomfim, André Gonçalves, Cosme dos Santos, um bando de gente famosa. Na hora do almoço, houve aquele relaxamento e a equipe ficou reunida. De repente, Cosme dos Santos gritou *pessoal, está liberada a fotografia*. Quando ele falou isso, vieram os figurantes com dezenas de câmeras que a gente não imagina onde eles esconderam. Foi incrível. O grupo foi cercado por dezenas de máquinas. Olhei para o pessoal da produção, atônito, sem entender como os *bandeirantes* driblaram todo mundo pra entrar com as câmaras. Naturalmente, a filmagem foi atrasada em meia hora.

Outro momento interessante, eu tinha criado um personagem que mostrasse bem quando os personagens de hoje caem no século XVII e uma cena que marcasse essa passagem. Na passagem do tempo os aventureiros são recepcionados por duas figuras. Uma é uma bruxa, uma representação de uma senhora com quem os bandeirantes tinham uma relação folclórica, a mãe do mato, que a Regina Dourado fez. E havia nesse imaginário dos bandeirantes outras figuras, como o curupira, a iara, tiradas da mitologia indígena, que estão no filme. Eles se referiam também a personagens que lembram duendes e gnomos. Eu tinha criado então um outro personagem, meio duende, que era um assessor desta velha, e chamei o Tonico Pereira pra fazer. Quando Tonico chegou para fazer a primeira tomada, ele perguntou se podia trabalhar o figurino da forma como quisesse. Foi para lá e compôs o personagem com material local, a partir do que havia nos objetos de cena. Lá, o que ele pegou primeiro foi um ninho de guache, pássaro de ninho grande, que ele inverteu e criou um chapéu. Enfim, criou o personagem incrível que ele faz no filme e, de repente, ele me aparece no *set* com essa caracterização. Fiquei assustado e maravilhado com a figura. Era muito mais do que eu previa. Ele perguntou se eu havia gostado e, de cara, avisou que o personagem não falava: *com essa roupa, eu não falo*. Insisti que tinha feito um texto para ele, Tonico tinha estudado o texto.

Olha pra mim, este tipo não fala, insistiu Tonico. *Confia em mim que ele vai dar uns grunhidos, mas todo mundo vai entender*, encerrou Tonico. Pedi pra ver, Tonico tinha criado uns sons para identificar pessoas e revelar sensações, era melhor do que qualquer texto.

Um outro episódio foi parar na grande imprensa. Quando fomos trabalhar com os índios, fomos preparados pela Funai. Havia todo um ritual. O diretor de produção falava com o cacique. Eu, diretor, falava com o conselheiro, o mais velho da tribo. E eles recomendavam que houvesse o mínimo contato entre elenco e a

Nas filmagens com Regina Dourado e Tonico Pereira

tribo para evitar incidentes, dificuldades de contato. Era preciso ter esse cuidado. Todos os dias, a gente seguia o ritual. Marcelo falava com o cacique, explicava o que deveria ser feito. Depois, eu falava com o conselheiro da aldeia como seria a filmagem. Todo dia, o conselheiro Diniz me dizia quando o pessoal estava pronto e perguntava de que eles iriam *brincar* naquele dia. Eu respondia que hoje vamos brincar de dar flechadas em Fagundes, de jogar os caras cachoeiras abaixo. No primeiro dia, nossos atores, no ensaio, imbuídos dos papéis, correram pelo mato desesperados perseguidos por índios que iam assassiná-los. Quando vejo os índios, eles vinham atrás, devagar, quase passeando. Reclamei do conselheiro, a cena era uma perseguição. Ele conversou com os índios e voltou. Explicou que os atores usavam botas e eles estavam correndo de pés descalços, machucava, eles queriam sandálias no mínimo. Foi uma novela convencer os krahô que não havia havaianas no século XVII.

Nas filmagens

Capítulo XLII

Nem Real, nem Dólar: uma Vaca

Eles eram muito respeitosos com os horários, até burocráticos...

Normalmente, nós acabávamos de filmar às 17 horas. No dia que Ângelo Antonio fazia sua última participação no filme, na cena em que os índios ameaçam com flechas o personagem de Bruno e o curupira aparece para salvá-lo. Tínhamos que fazer porque Ângelo Antonio tinha que viajar. Mas havia uma combinação com os índios, na programação das cenas ficou combinado que as tomadas iriam até 17 horas. Nesse dia, a gente procurava os índios e nada de eles apareceram para as tomadas. Quando Marcelo foi falar com eles, os índios disseram que o combinado era só até 17 horas e não fariam mais nenhuma cena. Então, eles disseram que topavam se ganhassem uma vaca para o grupo. Marcelo achou que o câmbio estava desproporcional para 15 minutos de trabalho. Era um preço muito caro, podia inflacionar o nosso relacionamento. Ele negociou a vaca por mais um tempo extra em outros dias de filmagem.

Cada dia havia um lance curioso para a crônica do filme. Os índios conhecem as plantas, têm suas ervas e, em alguns casos, usam a maconha como instrumento de ritual. Isto foi muito bem explicado para nós, além da questão do uso do álcool, que não podia entrar na aldeia cenográfica. Lá pelas tantas, no meio das tomadas, em plena correria de equipe, figurantes, pessoal de apoio local, mudávamos a posição da câmara. Um índio veio falar comigo, disse que tinha um problema, havia acabado o *pau-podre*. Não entendi, ele explicou que era fumo. Respondi que a gente tinha combinado que eu só ia falar com o conselheiro. Ele insistiu, falei pra ele que ali ninguém trabalhava com isso, ninguém tinha 'pau podre'. O índio deu uma risada, apontou pra um rapaz magrelo que passava com um pedaço de cenário: *aquele Zé ali tem...*

Quando o filme ficou pronto fizemos uma sessão ao ar livre em Porto Nacional. Comento que *No Coração dos Deuses* pode não ter feito um sucesso maravilhoso em sua carreira comercial, mas em Tocantins batemos *Titanic* (James Cameron) porque o Estado inteiro quis ver o filme. Fizemos uma sessão em praça pública, os índios Krahô e os demais das outras reservas foram ver também. Várias delegações indígenas foram para lá, acompanhados pelos garimpeiros que foram figurantes. E muita, muita gente. Exibimos num telão enorme diante da igreja. Foi uma experiência única porque, como sempre, muitas pessoas nunca tinham visto sequer cinema ou sequer televisão. As que tinham visto ficavam abismadas com aquela tela imensa e ao ver a sua cara daquele tamanho. Ouvimos muitas coisas altamente gratificantes. Os jornalistas que foram lá ouviram a opinião dos índios. Um deles falou que tinha visto muito filme, mas pela primeira vez via um filme em que os índios não entravam para morrer.

Quando acabou a sessão, saí no meio do povo para ouvir as opiniões. A expressão que mais ouvi era *o nosso filme*. Eles se referiam ao *No Coração dos Deuses* como o *nosso filme*, esse

Geraldo dirige os índios Krahô

caráter local funcionou muito bem. Terminada essa projeção para umas 5 mil pessoas, o prefeito de Porto Nacional me avisou que estava oferecendo um churrasco pra todo mundo. Lembrei que era muita gente, havia pessoas da equipe, elenco, jornalistas e muitos figurantes. Ele falou que eu levasse quantas pessoas quisesse porque aquela projeção do filme tinha dado para ele *o maior comício da minha vida*.

O filme causou alvoroço na região. Cada dia acontecia alguma coisa. Alguém descobriu o nome da filha de Antonio Fagundes e ligou de madrugada, usando o nome dela para conseguir um autógrafo. Bomfim era muito assediado, as mulheres queriam sair com o galã rural, os homens queriam beber com o boêmio das novelas. Um dia quase houve briga, acharam que era uma descortesia de ele não poder ficar bebendo num boteco até madrugada com um grupo.

Uma noite fui dormir às 2 horas da manhã depois de preparar com Marcelo e a produção o plano de trabalho do dia seguinte. Quando entro no corredor da Pousada dos Girassóis, onde ficamos hospedados, encontro um garoto de uns 10 anos andando com um papel na mão. Perguntei o que ele fazia no hotel àquela hora, o menino disse que estava escondido para pegar o autógrafo *do Rei do Gado*, o Fagundes, para a mãe dele.

Sempre digo que um roteiro que não tem 17 versões não é definitivo. As versões do roteirista são muitas, personagens vão sendo melhor definidos, é preciso cortar ou criar cenas, até mesmo mexer na estrutura. Depois, pelo menos na forma como eu trabalho, vêm as contribuições de outros. Falo muito com os atores antes de filmar, eles vivem os personagens e sempre têm observações a fazer, reações e diálogos a sugerir, tudo isso precisa ser considerado e filtrado até a versão final. Conversei muito com os atores na preparação, desde Bruno, garoto estreante que foi muito bem preparado pela Mona Lasar, ao Fagundes sobre os seus dois papéis: o velho bandeirante Fernão Dias e o Gaspar Corrêa, um visionário do século XX. Considero muito essa troca entre diretor e atores, diretor e técnicos, o cinema é ao mesmo tempo a arte do diretor e uma criação coletiva. Quando reencontrei o Fagundes depois dessa conversa, ele estava com os personagens prontos, era só rodar, os dois papéis eram o que eu tinha criado mais a contribuição dele, eu pude então ver os personagens *de fora*. Eles vieram completos. E a capacidade de memorização dele é impressionante. Na véspera da filmagem da cena em que Gaspar Corrêa fala que é preciso refazer as bandeiras, que o Brasil precisa reencontrar suas raízes, etc., fiz algumas mudanças de texto. Fui falar com Fagundes, o texto era longo e ele já tinha preparado a cena, já estava com o texto memorizado. Ele leu o texto modificado e cinco minutos depois falou que já estava pronto para rodar. Quando fomos ensaiar, ele realmente tinha memorizado tudo em uma batida de olho.

O processo de distribuição e comercialização foi um aprendizado muito grande. Montamos um apartamento-escritório no Rio, tivemos a ajuda da Irina Neves, uma vocação executiva que ainda vai mais longe do que já foi. Na época ela era namorada do André, o namoro já acabou há tempos, mas eu não esqueço a Irina. Isso acontece de vez em quando, a Catarina Aciolly, ex-namorada do Bruno é hoje uma quase-filha, as ex do Márcio continuam ligadas ao clã. *Quem beija meus filhos adoça minha boca*, não é vovó?...

Tinha feito meus dois filmes anteriores em dois momentos diferentes do cinema brasileiro. *A Difícil Viagem* foi feito com distribuição da Embrafilme. *Círculo de Fogo* terminou na semana que Collor acabou com o cinema brasileiro em uma penada. *No Coração dos Deuses* foi em plena fase da retomada, que acontece num momento muito especial, no instante em que foi criado no Brasil o sistema multíplex. Esse método representa o confinamento do espetáculo cinematográfico em *shoppings* a preços

Índia faz pintura de guerra no diretor

somente acessíveis a um pequeno contingente social. O multíplex prefere vender um ingresso a R$ 16 a vender quatro por R$ 4. Houve um alijamento da população do cinema, rico vê filmes nos *shoppings* e pobre vê televisão em casa. A negociação para exibir o filme já foi diferente. Enquanto *A Difícil Viagem* a gente negociou com vários exibidores, inclusive os regionais, no caso de *No Coração dos Deuses* a negociação foi feita basicamente com três grupos de multíplexes. Lançamos com um bom esquema, mas, já que o filme estava entrando no mercado de salas, havia necessidade de muito mais recursos para se fazer mídia. Pelo tema, a gente havia destinado para um público jovem, como um resgate da história do Brasil e tudo mais. Nós fizemos um grande trabalho para apresentar o filme em espaços alternativos e Mallú trabalhou com professores que prepararam excelente material para as escolas.

Essa experiência me abriu a cabeça para uma realidade que começava a acontecer no Brasil e que agora, pouco depois da virada do milênio, me parece que é o grande fenômeno que ocorre na cultura brasileira, e não só no cinema, que é o retorno deste espaço do interior por meio de uma série de iniciativas, como, por exemplo, a exigência dos patrocinadores e das leis de incentivo, de que se apresente o filme em áreas de periferia, fora do *shopping*. Isto e mais o renascimento do movimento cineclubista, a reabertura de salas de cinema no interior, a volta de pequenos exibidores, sistemas de exibição como o do Sesc. No fim das contas, levamos o filme para esses espaços. Depois de alguns meses, verificamos que o filme foi apresentado para mais de 150 mil espectadores, que viram o filme gratuitamente, sem retorno financeiro à produção. Agora, compare isso com a distribuição comercial em que o distribuidor joga recurso como adiantamento de bilheteria e retém primeiro a sua renda integral. Como essa renda jamais cobre o custo do filme, o resultado é que no grande circuito a nossa produtora acabou devedora do exibidor para um lançamento de tamanho médio do cinema brasileiro enquanto no interior, periferias e escolas, fizemos muito mais e não devemos nada a ninguém.

Até me pergunto se vale a pena continuarmos trabalhando como estamos fazendo? O Brasil produz hoje uns 70 filmes anuais, 15 têm distribuição aos *multiplex* e destes só dois ou três fazem mais de um milhão de espectadores (em geral com a participação da Globo e das *majors*). O restante passa numa sala aqui e outra acolá. Mesmo os filmes de sucesso, muito raramente conseguem recuperar investimento. Lembro de Fernando Meirelles dizendo que só poria algum dinheiro no bolso, apesar de todo o sucesso de *Cidade de Deus*, se o filme tivesse ganhado o Oscar. Na verdade, com o investimento feito para divulgar o filme e na multiplicação de cópias, somado ao custo de produção do filme, o projeto não se recupera com a bilheteria. Vale como sinal de sucesso o número de espectadores, mas enquanto viabilidade econômica é prejuízo.

Hoje me pergunto muito sobre isso. Vale a pena fazer um filme pensando apenas em um mercado que é uma tremenda loteria? A televisão não passa, nas salas a programação é restrita, seguidamente o filme sai em plena carreira comercial para dar lugar a um filme americano. Enquanto isso não for regulamentado – pois sem a força da lei o mercado é a lei da selva e nós somos a vítima do predador – quem quiser que seu filme seja visto pelos brasileiros precisa pensar nas janelas alternativas. Depois de *No Coração dos Deuses* isso ficou muito claro para mim, caiu a ficha da roda-viva que nos envolve e a gente fica trabalhando sem perceber que o sistema existente não nos leva a lugar nenhum. Hoje, como ontem, como há dez ou mais anos, cineastas novos e veteranos vivem o mesmo drama de dar o sangue e o suor pra ver seu filme conseguir uma salinha aqui outra ali e sair de cartaz em poucos dias. No caso desse filme, eu percebi no meio do processo da comercialização que essa história de buscar padrões de qualidade, ter atores globais e querer fazer filmes *populares* pensando no chamado mercado é pura esquizofrenia. Não há nada de extraordinário nessa descoberta, ela é afinal uma discussão permanente na arte e no cinema, mas foi importante perceber quanto a gente, que se considera tão consciente, cai na esparrela, entra no jogo e continua levando à frente um trabalho que vai terminar num beco sem saída.

Já aconteceu várias vezes na minha vida essa coisa de, de repente, no meio de um processo, eu ver a

Com o então governador de Tocantins, Siqueira Campos, no lançamento de No Coração dos Deuses

situação *desde fora* e entender para onde estou e estamos sendo levados. Quando tinha terminado minha gestão na UNE, lembro que o quadro político ia se complicando a cada dia, a direita se armando abertamente para o golpe e nós continuávamos fazendo a mesma militância de quando o Jango tomou posse. De repente, me veio a imagem da zorra que viria por aí e falei para os companheiros que era preciso rever os métodos, cuidar mais da segurança, estávamos nos encaminhando para servir de bucha de canhão numa luta que a cada dia saía mais fora do nosso controle. Em Goiás ocorreu o mesmo, a gente fazendo trabalho político na periferia de Goiânia e, de repente, me dei conta de que muitos dos que apareciam para participar do trabalho seriam os nossos delatores. No caso do filme, o assunto é outro; contudo a experiência é a mesma, ou seja, de ver o quanto eu estava envolvido num processo que só me levava a ter uma experiência a mais na realização de um filme que seria visto por pouca gente no seu próprio país. É uma questão estrutural, não tem nada a ver com a qualidade do filme ou com o nome do diretor, aconteceu ontem comigo, acontece hoje com o Toni Venturi, muitas vezes com o Nelson Pereira e vai acontecer amanhã com essa boa garotada que está surgindo, vai ser assim enquanto as regras continuarem as mesmas. Temos que continuar brigando por espaço no mercado convencional – e aqui não adianta discutir a validade ou não da tese das cotas de tela e da obrigatoriedade de exibição dos curtas –, porque só pela força da lei essa situação vai mudar, o sistema foi criado para marginalizar o filme brasileiro e fim de papo. Mas se quisermos que o público – e não os *oitinho por cento que vão aos condomínios do consumo* – assista nossos filmes, temos que ir atrás da maioria da população que não está hipnotizada com a boca cheia de pipoca.

A gente sabe que qualquer diretor de cinema no Brasil tem que ser economista e analista político para conseguir ser cineasta. Mesmo assim, a gente aprende com as lições que sofre nas experiências que tem. *No Coração dos Deuses* foi uma experiência marcante porque fiz uma tentativa de um filme popular e vivi a mesma experiência que tive no filme de estréia, isto é 20 anos antes: coloquei o filme na mão da maior distribuidora brasileira da época mesmo sabendo que o mercado é sempre para o filme americano, na expectativa de que o filme tivesse uma repercussão melhor. Acabei verificando que tive mais público fora deste mercado. O público que eu queria ou não estava na sala de cinema ou estava à procura de outra coisa. O freqüentador dessas salas é muito trabalhado pela lavagem cerebral feita pela maciça programação de filmes americanos. Felizmente, nesta fase atual de mudanças muito significativas no Brasil e no mundo, o que é institucionalizado vem perdendo espaço. Se alguma coisa define o que vivemos hoje, é o resgate do espaço perdido pela sociedade civil, pelo indivíduo que vai se fazendo cidadão como reação à descrença. É um processo que vem de longe, mas tem muito a ver com os acontecimentos políticos mais recentes, como a eleição de Lula. Com todos os equívocos que ocorreram neste período, o mais importante é que a sociedade recupera seu espaço, a dissolução dos partidos políticos e da atividade política institucional é visível, e a sociedade demonstra uma autonomia cada vez maior em relação à influência da mídia, por exemplo. Sei que as cabeças continuam sendo feitas, mas vejo que – mesmo de forma às vezes contraditória – as pessoas estão mais ligadas nos espaços que elas mesmas precisam conquistar. No cinema, há poucos anos estávamos todos envolvidos numa luta pela regulamentação da atividade, pela criação da Ancinav. Hoje continuamos certos de que isso é importante, mas é incrível o número de diretores e produtores – especialmente da nova geração – que começa a distribuir seus próprios filmes, vender seus próprios DVDs, aproveitar os espaços na internet.

Capítulo XLIII

Congresso Brasileiro de Cinema – o Retorno do Militante

Eu não tinha nenhum objetivo político, estava desenvolvendo meu novo projeto, *O Herdeiro do Paraíso*, baseado no tema do tráfico de animais, que consumiu muito tempo de pesquisa porque são fatos que acontecem em Mato Grosso, Amazônia, Centro-Oeste, e tinha de providenciar a produção desta pesquisa. Havia necessidade de um certo tempo para que essas informações novas fossem decantando.

Em Brasília, estava participando da Aprocine, associação dos cineastas brasilienses criada por Vladimir Carvalho, Betse de Paula, Márcio Curi, Andréa Glória, Manfredo Caldas, Mallú Moraes, Ronaldo Duque, Aurélio Vianna, Renato Barbieri e eu.

Foi aí que apareceu a experiência no CBC, o Congresso Brasileiro de Cinema. Quando Assunção Hernandes (que presidia o CBC) levantou a hipótese de eu dirigir o CBC, levei aquilo como brincadeira.

Mas às vésperas do Congresso, o que mexeu comigo foi uma conversa com o Bigode, o Luiz

Carlos Lacerda, dizendo que havia feito uma consulta por *e-mail* com a classe e que meu nome teria um certo consenso. Quando cheguei ao Congresso, em Fortaleza, a situação foi colocada de uma forma que eu não podia recuar. Por isso, topei e, no final, o CBC foi uma experiência muito significativa. O CBC reunia então 55 entidades do cinema, de todas as regiões e segmentos, inclusive os distribuidores estrangeiros. Pude perceber que o cinema brasileiro como um todo tem muito peso político e a importância dele é muito maior do que é desenhado (ou desdenhado) por aí. Nós que fazemos cinema no Brasil somos muito politizados. Há uma certa autofagia, mas, além de sermos uma indústria, somos um movimento. Pude verificar esse peso político nos contatos com o Congresso Nacional e com o governo. Temos contradições, carecemos de instrumentos mais eficazes, mas somos uma corrente de pensamento, sem dúvida. Vi que tinha assumido uma enorme responsabilidade, o CBC gerou projetos e lideranças, a Assunção tinha feito um trabalho incansável. Ao mesmo tempo, verifiquei que a grande tarefa que teria a fazer era a costura da unidade da produção independente. Estavam se fortalecendo os pólos regionais, aparecia uma nova geração, crescia a diversificação de mídias, formatos, equipamentos, alternativas e tudo mais.

Foi eleita uma diretoria com Cícero Aragon, Silvia Rabelo, Tetê Moraes, Geraldo Veloso, Paulo Boccato, Pedro Lazarini e eu.

No começo, o trabalho ficou centralizado no projeto da Ancinav e não poderia ser de outra forma. Ao longo dos anos, nos Congressos de Cinema, foi sendo criado um corpo de propostas, ou seja, as Resoluções do CBC. Ao mesmo tempo, e noutra instância, se acentuava a convergência tecnológica e a aproximação cada vez maior de vídeo, cinema, televisão, internet, etc., etc.

O CBC foi a maternidade da maioria das idéias que estavam no projeto, era lógico que deveria ser a força política mais ativa pela sua aprovação. É evidente que eu e muita gente nunca ignoramos que o projeto dificilmente seria aprovado, a pressão contrária seria muito grande, mas a briga em si mesma tinha importância, até para que a questão do cinema tivesse mais repercussão, chegasse à opinião pública. Sabíamos disso, e, por isso, demos a cara a tapa sabendo que valia a pena.

O modelo de exploração da televisão no Brasil é dos anos 60, a TV brasileira reflete até hoje o modelo da ditadura, uma central oligárquica de estrutura coronelística e repetidores no Brasil inteiro. É vertical e centralizada, com o objetivo de eternizar o controle mais absoluto possível da opinião pública. Como foi criado no período da ditadura, muito mais que uma estrutura de comunicação, esse modelo caracteriza um esquema de poder. Uma das maiores bancadas do Congresso Nacional é a dos proprietários de emissoras de televisão, concessionários que não têm interesse em colocar em prática a regionalização da produção, por exemplo. Tivemos várias reuniões com lideranças da televisão para aprovar o projeto da regionalização, da Jandira Feghali, por exemplo; chegávamos a alguns consensos e no dia seguinte ficávamos sabendo que alguém que estava na reunião foi falar com o presidente da Casa para que não colocasse o projeto na pauta, que outro já estava trabalhando contra, etc. O projeto da ANCINAV mexia com isso, era muito mais voltado para a produção independente, para diversificação da produção do que para a centralização. E teria que mexer no modelo de televisão.

Não há possibilidade de você ter em pleno século XXI um modelo feito para a época das redes, para a televisão aberta. O que veio depois, com a legislação da televisão a cabo, foi um remendo na legislação para não mexer no regime de propriedade dos meios de comunicação. Neste sentido, é claro que o projeto da ANCINAV teria de ser derrubado, nós tínhamos a noção de que estávamos mexendo com a abelha rainha. E mais cedo ou mais tarde, especialmente agora com a televisão digital e a tentativa de criar a TV Pública, essas mesmas pressões já estão aí de novo. .

Foi muito importante nessa luta a presença de Gilberto Gil no Ministério e do Orlando Senna na Secretaria do Audiovisual. Eles tiveram a percepção do momento e se jogaram na briga, na minha opinião fizeram o melhor trabalho que o Ministério da Cultura realizou até hoje para o cinema brasileiro. Muita gente criticou dizendo que o CBC estava a reboque do MinC. Não entenderam que o Orlando colocou a Secretaria do Audiovisual a serviço do que o cinema vinha tecendo há muitos anos. Na verdade acho que entenderam tão bem que ficaram irritados, afinal, são as mesmas vozes contra qualquer medida a favor do cinema brasileiro.

Gil e Juca Ferreira têm muito claro o que o MinC precisa fazer, uma visão ampla da cultura, colocaram a cultura noutro patamar político. Orlando vem da atividade, fez parte dos debates mais importantes do cinema, tem vivência, experiência. Com maturidade e coragem fizeram e fazem um trabalho que se reflete hoje em todos os segmentos da cultura e do cinema e vai além disso.

O que também acho fundamental nesse trabalho da Secretaria do Audiovisual e do MinC é que está sendo criada uma nova geração de administradores culturais, caras que vieram da atividade e entraram na máquina do Estado, estão repensando, recriando. Isso já tinha acontecido antes, com Gustavo Dahl, Roberto Farias, Aurelino, Jomico, Noel, todo um grupo que fez um trabalho importantíssimo para o cinema na Embrafilme e depois na Ancine. O Roberto tinha e tem uma visão estratégica, ampla, que ele soube transformar em medidas concretas que muito ajudaram nosso cinema. Gustavo vivia insistindo na necessidade de uma visão sistêmica do nosso desenvolvimento industrial.

Agora, surgiu um novo grupo com Manoel Rangel, Mario Borgneth, Leopoldo Nunes, Mario Diamante, Alfredo Manevi, tantos que não quero ser injusto no esquecimento. Pra variar, houve quem reclamasse que os abedistas estavam tomando o MinC, da mesma forma como antes disseram que a Embrafilme era um feudo do cinema novo. Queriam o quê? Um grupo de burocratas sem ligação com o cinema?

A verdade é que a diversidade cultural é questão central nos dias de hoje e as pressões contrárias são enormes. Tudo foi usado para impedir qualquer mudança, desde a tentativa de enfraquecer o CBC com a saída das entidades ligadas às *majors* – uma divisão que acabou sendo positiva pois deu mais unidade ao Congresso – , até as acusações de abuso de poder no projeto da Agência.

O argumento de que o projeto da Ancinav seria autoritário era apenas ridículo. Os mesmos grupos que achavam que regulamentar a tevê era interferir na liberdade queriam e querem regulamentar as teles. E afinal a estrutura e a programação das emissoras brasileiras são autoritárias, verticais, decididas por poucos. Lembro uma imagem emblemática, num jogo da seleção. A Globo não mostrava a lateral do campo. Na cobrança de uma lateral, só se viam as pernas do jogador, a imagem cortava da cintura pra cima. Como o patrocinador da transmissão era uma marca de cerveja e na lateral do campo havia painéis de uma concorrente, a imagem não mostrava as mãos do jogador para não mostrar os painéis. Quando houve protestos, Roberto Marinho disse que a emissora tinha que preservar os interesses dos seus anunciantes. Se para o público é importante ver o jogo, para a televisão o importante é preservar o interesse do anunciante, é importante que o concorrente não apareça e dane-se quer ver o jogo.

Talvez a gente pudesse definir o momento atual como o fim das hipocrisias ou pelo menos a época da consciência das hipocrisias. Umas dessas é justamente essa questão das concessões para a exploração da televisão. O que ocorre é uma apropriação privada. O governo passa a concessão para as empresas e elas passam, inclusive, a controlar o próprio governo. O caso Collor foi um belo exemplo, a novela *Que Rei Sou Eu* foi uma preparação da eleição de Collor, nela um reino corroído pela corrupção era salvo por um belo jovem que vinha para redimir a moralidade, para salvar o reino da corrupção. O episódio da edição dos debates é hoje conhecido, é prova da falta de respeito à livre informação, mas nada foi feito para evitar que se repita. No ano eleitoral de 2006, lançou-se a novela-biografia de Juscelino Kubitschek e revistas colocaram em suas capas o seu candidato preferido com a clara insinuação de que ele seria um novo JK.

Como se trata de um esquema de poder e isso não foi alterado, é evidente que haveria interferência na aprovação de um projeto que enquadrava a televisão por um objetivo maior que era a diversificação da produção, o desenvolvimento da indústria do audiovisual, a regionalização das programações. Quando estava no CBC, passamos cinco meses tendo reuniões com a Rede Globo para discutir isso tudo. Na teoria todos falavam em proteger e fomentar o conteúdo nacional e faziam um discurso antiamericano digno do melhor congresso estudantil dos anos 60; na prática, não aceitavam nada que desfizesse *a dobradinha produtos da casa + filmes importados*.

Temos dois pólos de geração de conteúdos no Brasil: as televisões e a produção independente. Pólos poderosos, que já mostraram competência, talento, têm inclusive potencial muito superior ao que já fizeram. No momento que houvesse uma aliança entre ambos, poderíamos ter um projeto que faria deslanchar o audiovisual no Brasil. Se a televisão não enxergasse apenas o seu umbigo, não haveria concorrência entre esses dois segmentos, eles são complementares desde que se tenha em mente o desenvolvimento do audiovisual como um todo. Mas não é isso o que acontece. Os motivos principais por que o Brasil não tem uma indústria audiovisual do tamanho do seu potencial são o domínio do mercado pelo produto importado e o divórcio entre cinema e televisão. Os interesses estabelecidos são contraditórios, essa é a base de tudo, o resto é adjetivo. A estrutura do mercado expulsou das salas a maioria do público, a distribuição e a exibição estão nas mãos do principal concorrente, a televisão quer ser a única produtora de conteúdo. Só existe indústria audiovisual digna desse nome em países onde esses segmentos atuam de forma harmônica e os custos de produção são pelo menos amortizados no mercado interno. Sem contato com a própria sociedade e tendo adversários na própria trincheira, nenhuma atividade consegue prosperar.

Capítulo XLIV

Voltando à mesma Tecla

A retirada de pauta do projeto da Ancinav criou um vácuo na atividade, pelo menos na luta política das entidades. Durante uns dois meses, houve um vazio. Quando aconteceu a saída das entidades para criar o FAC, muitos temeram pelo CBC, mas eu sempre achei que seria melhor, a gente teria mais unidade. Eu temi mesmo quando houve o vazio pós-Ancinav. Era preciso encontrar algo que motivasse a nossa mobilização, e logo deu pra ver o óbvio: fazemos política porque o mercado não nos pertence, precisamos lutar politicamente para conseguir produzir e exibir nossos filmes. Devido às nossas fragilidades, enfrentamos um poder econômico muito mais forte, somos mais mobilizados e somos mais fracos enquanto setor produtivo organizado. E no entanto os independentes respondem por mais de 90% da nossa produção, ainda mais agora que o cinema não é mais apenas uma película 35mm para passar numa sala de exibição e as oportunidades de produção e difusão se multiplicam a cada dia.

A tarefa então era dupla. De um lado, era preciso – e ainda é – aglutinar essas experiências que se espalham cada vez mais pelo país afora, re-estruturar a produção independente. De outro, era urgente fazer o mesmo com as alternativas de exibição, que vêm recuperando o diálogo, principalmente com o público que está fora dos multíplexes, ou seja, a maioria da sociedade. E o momento não poderia ser melhor para isso, pois com os novos formatos e a descentralização dos recursos, todo mundo começou a se dedicar a seus projetos. Assim, dediquei o segundo ano da gestão no CBC ao trabalho de diversificar e sedimentar essas alternativas.

Insisto num assunto de que já falei aqui. A mesma tecnologia que permite a montagem de todo esse esquema de dominação, em contrapartida começa a ser apropriada pelos produtores independentes na medida em que você pode hoje montar um estúdio de gravação no quintal de sua casa e editar um filme ou um vídeo no banheiro. A produção independente se multiplicou e se equipa cada vez mais.

A música é a grande lição. Hoje, por exemplo, temos no interior do Brasil uma importante indústria fonográfica, embora as estatísticas não reconheçam isso. Cresce tanto que a forma de combatê-la foi estigmatizá-la como sinônimo de pirataria. Essa é uma das nossas grandes hipocrisias. Na verdade, quando se vendem

DVDs e CDs a R$ 25, R$ 40, R$ 60 ou mais reais e ingressos a R$ 16 nos shoppings, cria-se ali um condomínio do qual quem não tem condição de comprar, fica alijado. E quem está do lado de fora do shopping tem, sim, a necessidade de ouvir música, acompanhar sua própria cultura, ver filmes, etc.Cultura é necessidade básica. Na vida real, essas pessoas fazem suas festas de bairro, seu funk, seu forró, suas bandas Calypso, suas duplas sertanejas, que falam a língua que elas entendem. Como hoje se grava e se reproduz com muito mais facilidade, a maior parte das duplas sertanejas e dos artistas regionais e iniciantes tem seus próprios estúdios, não precisa mais viajar para São Paulo para gravar um disco nem de uma rede de lojas para vender. Isso acabou criando um novo espaço e o que o há de mais importante na cultura brasileira hoje é exatamente a recuperação desses espaços, que restabelece o contato entre os artistas independentes, as expressões regionais e a população que está fora do circuito oficial.

O argumento de que tudo o que está fora das lojas é pirataria é tão mentiroso quanto o que vê em cada pobre que passa diante do *shopping* um assaltante potencial. Existe pirataria, sim, e ela deve ser combatida por todos os motivos que conhecemos. Mas não é só a pirataria que incomoda o sistema, é também o crescimento da produção independente, o aparecimento de alternativas que ameaçam ocupar um espaço cada vez maior porque são populares, colocam em risco os padrões de gosto e consumo impostos pelo sistema. A prova disso é que o sistema adora pinçar de vez em quando uma dupla sertaneja para vendê-la pasteurizada e assim ganhar dinheiro com aquilo que ele considera brega.

Assim como o povo compra sua camisa na lojinha do vizinho e não na franquia do Armani, ele procura um CD de R$ 5 no posto de gasolina, não tem como e nem por que adquirir um a R$ 35 no centro comercial. Grande parte do que é vendido no posto não é pirata. Além disso, um dos argumentos da grande indústria é que a multiplicação descontrolada de cópias desrespeita os direitos autorais. Verdade, isso é um crime. Mas que diretor ou roteirista brasileiro vem recebendo esses direitos pela exibição dos seus filmes ou pela venda de DVDs nas lojas? Não seria mais coerente combater todas as formas de pirataria?

Estamos caindo na esparrela da velha ética colonial, que nos vendeu a idéia de que o prejuízo da colônia é legal e o do colonizador um crime. Se o colonizador nos extrai o ouro, legal, tudo bem; mas se o pirata saqueia o navio da coroa, e fica com o ouro, cadeia nele.

Na minha experiência no CBC, e mesmo antes, acompanhei o que houve com a música sertaneja. A grande sacada dos sertanejos foi perceber que se não tinham entrada nas lojas deveriam vender nos postos de gasolina e nos rodeios. Ocorre exatamente o mesmo no forró nordestino. Isto está sendo mapeado; uma amostragem no Piauí evidenciou que de cada dez CDs ou DVDs vendidos fora do mercado convencional, somente dois são ilegais. Ou seja, 80% das produções musicais pertencem a pequenos grupos, pequenas produtoras, que não são piratas.

Os filmes mais interessantes que temos hoje no Brasil têm origem nos pólos regionais. Não é por mera coincidência que as produções regionais que hoje representam o Brasil em festivais internacionais são desta produção, vindos de nomes novos, em parte desconhecidos, de regiões que não produziam antes. Até que isso vire um fenômeno e venha a sustentar o sistema de distribuição de filmes vai um enorme caminho e ele passa pelo reconhecimento de que não existe um público, há diversos. Na China, na Índia, nos Estados Unidos, a produção é diversificada e atinge todos os nichos. Aqui no Brasil se trata todo e qualquer filme como se o único objetivo fosse entrar no *shopping*. É evidente que de 70 longas, 30 ficam do lado de fora. E o curtas, só com lei obrigando.

Construir o espaço do cinema brasileiro implica em tudo isso, mas hoje, e talvez mais do que isso, implica em abrir caminho nas novas mídias e alternativas. Essa tarefa vai caber muito mais à nova geração, a essa turma que está surgindo agora, e não tanto a quem trabalhou na moviola ou é da turma do Cinema Novo. A moviola foi pro museu, o Cinema Novo foi há 40 anos e eu preciso evitar as varizes. Minha função no CBC foi então trabalhar principalmente para essa nova geração, o pessoal que está nascendo enquanto filmes passam em celular, são vistos no *You Tube* e baixados na internet à razão de milhares por hora. Essa é a geração que precisa e vai assumir o CBC. O resto já é referência histórica.

Capítulo XLV

A Coalizão pela Diversidade Cultural

Durante meu trabalho no CBC, entrei em contato com a luta que se desenvolve em outros países em defesa a diversidade cultural, campanha que centraliza a mobilização da produção audiovisual, fonográfica e editorial independentes em torno da Convenção da Unesco. O objetivo principal era criar uma instância mundial para a cultura, retirando o tema da esfera da OMC, a Organização Mundial do Comércio, como um desdobramento da tese francesa da exceção cultural, de que as obras culturais não podem ser tratadas como qualquer outro produto.

Convidado para o Terceiro Encontro Internacional das Entidades da Cultura, fui a Seul e fiz contatos com a maioria dos representantes dos outros países. Tive reuniões com Robert Pilon, do Comitê de Enlace Internacional das Coalizões, Jim McKee, da Coalizão Canadense, Nemésio Juarez, da Argentina, Paulo Slachevski, do Chile, e muitos outros. São essas e tantas outras as pessoas que estão conduzindo a luta mundial pelo nosso direito de preservar e fomentar a diversidade cultural.

Vi então que havia um vazio na participação das entidades da sociedade civil brasileira nessa discussão. Países como Argentina, Coréia, Senegal, Burkina Faso e Canadá estavam bem mais adiantados. O CBC já tinha iniciado esse trabalho, feito principalmente pela incansável Débora Peters, ao lado do Jom Tob Azulai e do Márcio Guimarães. Isso inseria o nosso setor audiovisual na campanha internacional, mas era necessário fazer a nossa articulação com outros setores da cultura, agregando a música e a literatura pelo menos, e criar a Coalizão Brasileira, a exemplo de 30 outros países. Eu já vinha acompanhando o assunto há algum tempo, mas apenas por interesse pessoal. Era preciso aumentar e sedimentar a participação brasileira. Quando pensava numa forma de viabilizar nossa inserção, encontrei o Aurélio Vianna, amigo e produtor de Brasília, marido da Betse de Paula. O Aurélio estava na Fundação Ford e a instituição tinha interesse em apoiar projetos nas áreas da diversidade cultural e dos direitos autorais. Como o CBC já tinha esses dois assuntos em pauta, tive reuniões na Ford com Aurélio, Ana Toni e Sônia Mattos e daí nasceu um projeto que rendeu três livros, vários seminários e resultou na criação da Coalizão Brasileira pela Diversidade Cultural. Foi um dos trabalhos mais gratificantes que fiz, apenas lamento que os vários encontros sobre direitos autorais, com a participação de gente de peso, mais especificamente Petrus Barreto, Pimenta e outros, não tenham resultado na criação da sociedade brasileira de gestão coletiva, uma necessidade urgente que nossa autofagia ainda não permitiu atender.

Em Madrid, no 4º Encontro Internacional das Entidades da Cultura, encontrei o Marcus Vinícius Andrade, que eu já conhecia como compositor de trilhas para vários de filmes. Ele já reunia entidades do setor musical na defesa dos direitos autorais e tinha um trânsito internacional muito bom. Marcus, Débora, Pedro Pablo Lazzarini, Jomico Azulai e eu decidimos então criar a Coalizão Brasileira, o que aconteceu num Seminário sobre Diversidade Cultural realizado no Florianópolis Audiovisual do Mercosul com o apoio do Antônio Celso dos Santos, diretor do FAM, e da Fundação Ford. A indústria editorial participa através da Libre (Liga Brasileira dos Editores Independentes), com a Marta Martins e a Cristina Warth.

Outras reuniões internacionais e nacionais, algumas promovidas por nós aqui no Brasil, como em Recife, Goiânia e principalmente a reunião de Fortaleza, durante o Cine Ceará, com o apoio do Wolney Oliveira, completaram nossa participação e agregaram mais parceiros. E a internet tem sido o grande instrumento dessa articulação e da veiculação de todo o pensamento independente que rola por aí.

A criação da Coalizão Brasileira pela Diversidade Cultural é providência de que me orgulho, através dela procuramos juntar o audiovisual, a música e a literatura.

Capítulo XLVI

Novos Rumos

Deixei a presidência do CBC em dezembro de 2005, num Congresso todo dedicado à discussão de um modelo alternativo para o audiovisual brasileiro. O evento foi em Recife, com o apoio de Sandra e Alfredo Bertini e da equipe da BPE, organizadores do Festival Cine PE, e a colaboração do Antonio Leal, gratas amizades que o CBC me legou.

Vindo de uma geração que participou das lutas políticas do país e do cinema nas últimas décadas, fiquei feliz, emocionado mesmo, ao dar posse à nova diretoria e ao novo Conselho do CBC e ver no palco a nova geração do cinema brasileiro, representada por Paulo Boccato, novo presidente, Solange Lima, Emanoel Freitas, Chico Faganello, ao lado de Bigode, Sandra Bertini, Édina Fujii, Rosemberg Cariri, Cícero Aragon, todos formando uma amostragem da diversidade setorial, etária e regional do cinema brasileiro de hoje e de amanhã.

Permaneci dois anos como diretor do CBC e atuando na Coalizão pela Diversidade Cultural. Não tenho dúvidas de que a diversidade cultural e a biodiversidade são as grandes questões desse início de século e que só a união dos diversos segmentos da cultura, estejam eles organizados ou não, incluindo as televisões e os que se dedicam às manifestações regionais, étnicas e tantas outras, será capaz de encaminhar solução para o que muitos chamam de crise, mas estou convencido de que é a exaustão de um modelo baseado no dinheiro e no lucro. O século passado foi o da economia. Este vai ser o da cultura.

Com a eleição da diretoria mais recente do CBC, encabeçada pelo Paulo Rufino, reforcei a decisão de concentrar meu trabalho político na diversidade cultural. Enquanto muita gente estranhava que não havia grandes nomes passando pelos corredores do VII Congresso Brasileiro de Cinema, me emocionei muito ao ver que esse espaço é agora cada vez mais ocupado por uma nova geração que vem de todos os cantos do país. E se há alguns companheiros que já viveram mais de meio século, eles estão lá, sentados numa roda ao lado dos novos, recriando cineclubes, multiplicando ABDs, inventando saídas.

Procuro fazer minha parte desenvolvendo um projeto de mapeamento da diversidade de alternativas de produção e difusão independentes, para chegar a uma base de dados que nos dê a noção do nosso tamanho e a medida do nosso crescimento. Se somos estrangeiros nos multíplexes, fora dele estamos em casa, com o nosso público, e é preciso estruturar essa rede, esses circuitos. O projeto, com a participação do CBC, da Coalizão pela Diversidade Cultural, das ABDs, dos festivais, do CNC, os cineclubes e com o apoio da Fundação Ford, busca exatamente localizar, medir e criar condições para a integração desse circuito. Essa é a utopia de hoje, uma revolução cultural, e dela participam antigos, novos e futuros produtores, criadores, exibidores, organizadores de festivais, cineclubistas de todos os Estados brasileiros.

Na execução desse projeto, a vida me deu de presente parceiros como Solange Lima, Ana Arruda, João Batista Pimentel, Antônio Leal, Antonio Claudino, Lazzarini, Édina Fujii, companheiros que me fazem acreditar no futuro.

Solange, com quem um dia conversava sobre cinema digital, as pressões sobre a TV pública, a luta de Orlando Senna, as infindáveis discussões nas nossas entidades, a quantidade de projetos pra localizar e reunir, enfim, todo esse caos que está aí, e ela resumiu com sabedoria: *Nós estamos fazendo a revolução, não é Geraldo?...*

Pimentel e eu fomos para Alta Floresta, divisa de Mato Grosso com Pará. Já tínhamos visto muitos filmes e vídeos pelo Brasil afora, exibidos pra muita gente que no máximo conhecia televisão e agora estávamos participando do primeiro Festival de Cinema na Floresta. Tivemos reuniões com o pessoal da cidade, um ativo grupo que movimenta a cultura na região e Pimentel estava criando com eles o cineclube local. Sentamos num bar, conversávamos sobre toda essa aventura – e a aventura de termos nos perdido na mata – quando ele também resumiu tudo com simplicidade: *Cara, você notou que a gente está fazendo a mesma coisa que os caras fizeram no começo do cinema, no tempo dos Lumière, levando filmes para as feiras, projetando na praça, no botequim?*

A quantidade de pessoas que reinventa o cinema por aí afora é grande, mas esses são os companheiros mais próximos. Com sua coerência e combatividade, Solange é na minha opinião a mais importante liderança de hoje, além de ser uma pessoa maravilhosa e íntegra; Ana Arruda, parceira do dia-a-dia, difícil imaginar como consegue dar conta de tantos projetos; Pimentel e Claudino fazem nos cineclubes um trabalho de cuja importância em breve vamos tomar consciência; Leal coordenou os festivais que hoje se multiplicam e é o nosso maior conhecedor dos meandros da legislação do cinema; Édina é o modelo da empresária que sabe unir os interesses da empresa e as carências dos independentes;

Lazzarini – *hermano brasileño-argentino* – conduz o sindicato de São Paulo e luta há anos pela pesquisa e organização da cadeia produtiva. E por aí vai um bando de várias idades, jeitos e cabeças, Emanoel, Chicão, Januário e Galindo no Norte, Rosemberg, Wolney e Adriano no Ceará, os Bertinis em Pernambuco, Rosângela em Sergipe, Luis Borges e Cândido nos Mato-Grossos, Lavenères nas câmeras, Petrus nas leis, garotos na direção...

O trabalho com essas pessoas e com esse país diverso e disperso me fez rever meu cinema. O contato humano com eles me leva hoje a rever a vida. Eu tinha um projeto de longa, já em fase de captação de recursos, *O Herdeiro do Paraíso*. Mas tudo isso me levou a priorizar outro projeto.

Capítulo XLVII

Na Tela, o Velho Posto de Gasolina.

Desde que saí da universidade fiz muitas conferências e dei cursos de roteiro ou direção pelo Brasil afora. Um dos mais recentes foi em Brasília. Todas as noites, quando terminava a aula, eu apresentava para os alunos uma situação dramática qualquer e pedia a eles que desenvolvessem para o dia seguinte.

Uma noite, lembrei de um jornalista francês que conheci quando cheguei ao interior de Goiás. Ex-correspondente no Vietnã, há anos ele não conseguia dormir de noite, traumatizado com os ataques de surpresa dos *vietcongs*. Cochilava durante o dia, mas não dormia à noite. Lembrei dele e dei um trabalho para os alunos: *João é um homem que não dorme há cinco anos. Invente um motivo para a insônia do personagem e dê alguma solução para o problema dele*.

Fui para casa e perdi o sono. Resolvi fazer o exercício que tinha passado para os alunos e três horas depois tinha nas mãos o argumento de um filme. Três personagens se encontram num posto de gasolina: a dona do posto, um rapaz que vende CDs piratas, um borracheiro que não dorme há três anos, não fala com ninguém e causa temor nas outras pessoas. Através deles e dos que vivem ao redor, corre a vida dos que procuram alternativas à margem da estrada por onde passa a riqueza. Terminei o primeiro tratamento, lembrei-me de um antigo filme de Kurosawa, que ajudei a lançar no Sul quando ainda era cineclubista e dei provisoriamente o mesmo título: *O Homem Mau Dorme Bem.*

O argumento ganhou o prêmio de desenvolvimento de roteiro da Secretaria do Audiovisual e o projeto, logo depois, foi selecionado no edital da Petrobras. Agora, era fazer o filme.

Capítulo XLVIII

Na Estrada em Mato Grosso

Depois de ter filmado em Goiás e Tocantins, desta vez escolhi Mato Grosso. A locação principal do filme é um posto de gasolina de estrada, com mais de 70% das cenas, e o filme teria que assimilar nas suas cenas o movimento habitual da estrada. Minha idéia inicial era filmar num acesso a Brasília, mas o melhor posto que encontrei fica em São Gabriel. Gostei muito do local, mas o movimento, a caminho da Chapada dos Veadeiros, era principalmente de carros e de turistas, não dava a idéia de uma estrada do interior brasileiro. Foi aí que aconteceu mais uma sincronicidade.

Fui pescar em Mato Grosso, com Bruno e meu primo Francisco Mariano – companheiros de tantas pescarias – e o sobrinho Diogo. Eu já conhecia a região do rio Telles Pires, de uma pescaria com o grupo de sempre e mais o cunhado Cyro e o sobrinho Júnior. Quando fui pela primeira vez, a região tinha matas seculares, agora é um mar de soja. Fomos guiados pelo Elias, conhecido dos festivais de Cuiabá. Voltávamos à noite na estrada, eu observava o movimento quando percebi o óbvio: a locação estava ali. Falei pro Elias que eu precisava falar com o Secretário de Cultura do

Mato Grosso, ver se conseguia algum apoio, ele disse que conhecia o secretário e poderia fazer o contato. Mas era uma sexta-feira à noite, chegaríamos tarde a Cuiabá e dificilmente iríamos encontrar o homem num sábado.

Chegamos a Cuiabá depois de meia-noite, fomos pra um hotel, dormi tarde e acordei cedo. Elias viria me buscar para irmos atrás do secretário. Eu estava tomando café e só havia mais três pessoas no salão, três homens numa mesa não muito próxima, um deles de paletó, de costas para mim. No silêncio do lugar, escutei a conversa, falavam sobre literatura, cultura regional, diversidade cultural. Pensei comigo mesmo *aquele de paletó bem podia ser o secretário de cultura*. Foi quando chegou o Elias e me falou no ouvido: *Vai ser mais fácil do que a gente achava, o homem é aquele ali...*

Falei com o secretário, João Carlos Ferreira, que por coincidência ou não eu tinha conhecido quando estava na Secretaria do Audiovisual e fui a Cuiabá com o Houaiss. Ele se interessou em levar o filme para Mato Grosso e daí pra frente foram os contatos normais de preparação de um filme. Filmamos num posto localizado em Cangas, vila no meio da estrada entre Cuiabá e Poconé.

Acho significativo que *Homem Mau Dorme Bem* tenha sido feito antes do *Herdeiro do Paraíso*, projeto já pronto e em fase de captação de recursos há um bom tempo. O roteiro do *Herdeiro do Paraíso* foi escrito logo depois de *No Coração dos Deuses*, ainda naquele clima que marcou o fim dos anos 90, nossos filmes tentando buscar o público pelo acabamento bem-cuidado, um elenco de globais, verbas de lançamento. A fase agora era outra, a produção independente bombando, os novos espaços de exibição se abrindo como formigueiro, a antiga ilusão do sucesso caindo na real.

Eu estava no meio disso tudo, estava justamente fazendo o projeto de pesquisa sobre alternativas de produção e exibição, e a proximidade com a ABD, dos festivais e dos cineclubes me mostrava a toda hora que o momento era outro, o cinema já é outro. Quer dizer, minha cabeça estava muito mais em Atibaia e Macapá do que no eixo Rio-São Paulo. Além disso, vendo o que acontecia no cinema brasileiro, revi meu próprio trabalho e decidi que tinha de retomar o caminho de *A Difícil Viagem*.

O filme começa com o personagem Wesley, interpretado pelo Bruno Torres, um vendedor de CDs piratas na periferia de Cuiabá, fugindo da fiscalização. Ele entra no carro do fornecedor de CDs (Alex Ferro), que leva o rapaz pra outra praça. No caminho, os dois brigam e Wesley fica num posto de gasolina. A câmara está no carro, desce com Wesley e fica com ele no posto. Eu queria que o espectador sentisse a mesma estranheza do personagem naquele lugar ermo com pessoas que ele não conhece. Trabalhei com um elenco principalmente de Brasília e Cuiabá – o *casting* feito pelo Bruno, que conhece bem os grupos, atrizes e atores da região. A atriz principal, Simone Ilescu, veio de São Paulo, trabalha com o Antunes, já era nossa conhecida e foi selecionada depois de uma demorada pesquisa. Precisava de um ator que, além da adequação ao papel, tivesse experiência de circo. Veio o Luís Carlos Vasconcellos, que mesmo sendo conhecido está irreconhecível no filme graças à composição que fez e ao trabalho da Siva Rama Terra na maquiagem.

Na equipe, mesclei poucos coroas com gente nova. Pela primeira vez trabalhei num longa com o César Cavalcanti, amigo-irmão de tempos, com quem tinha feito curtas e que considero uma enciclopédia do cinema. Ele dividiu a produção executiva com Mallú e completei o grupo dos mais antigos com o meu querido mestre Carlos del Pino como diretor assistente, depois de tanto tempo sem trabalhar com ele. Daí pra frente, a maioria foi gente nova, pra dinossauro já basta eu. Na fotografia, André Lavenère, com quem tive total identificação e cuja câmara na mão é extraordinária. Eu tinha na mente uma fotografia muito bem definida, principalmente nas cores, tons amarelos predominantes, resgatando o sol que anda meio sumido dos nossos filmes. Mandei o roteiro pra ele e não disse nada. Ele leu, perguntei *de que cor era o filme*... Ele disse que tinha visto um filme amarelo. Era ele o fotógrafo.

Pra finalizar, André Moraes faz a trilha e trabalho pela primeira vez com Willem Dias na montagem. Admiro muito o trabalho dele e aqui também houve outra concordância com poucas palavras. Fiz um filme minimalista, com poucos planos, a história é contada com raros diálogos e vai se tecendo muito mais pelos olhares dos personagens, que vão se observando e descobrindo o que há de comum nas histórias deles. O protagonista tem 20 falas. Mandei o roteiro pro Willem sem maiores explicações. Ele leu e disse que achava ótimo montar um filme *de tempos*.

Na preparação de atores, também pela primeira vez, trabalhei com o Sérgio Penna. Mais um que pretendo repetir nos próximos filmes. Ele perguntou o que eu queria, falei que queria descer com a câmara no posto, com o Wesley, e encontrar personagens da estrada. Ele botou todo o elenco pra viver a região. Bruno foi vender CDs, enfrentou os fiscais, disputou praças com os vendedores de Cuiabá, conseguiu clientela; Luis Carlos foi pro circo e pro garimpo; Simone e André Reis trabalharam no posto. Nossos *policiais* Francisco Santana, André Deca e Giovani Araújo fizeram ronda com os agentes da polícia local e um dia deram um *baculejo* no posto de gasolina que assustou os moradores da vila de Cangas, que acharam que era mesmo pra valer. Também integramos no filme as pessoas que entravam nessa experiência, como todo o pessoal do Barnus Circo, resistência cultural do Centro-Oeste.

Acompanhando o trabalho do Sérgio encontrei meus personagens vivos e *in loco* e essa contribuição me fez reescrever textos, criar cenas e até mudar o final do filme, depois de ver uma bela cena *real* entre Luís Carlos e a atriz Nara Faria no circo.

Ainda discuto comigo mesmo o título. O fato de ser o mesmo de um filme antigo ao mesmo tempo me incomoda e me provoca. Falei isso com o Celso Sabadin, ele me mandou uma lista enorme de filmes homônimos, desde *A Grande Ilusão* até o *Círculo de Fogo*, que as *majors* lançaram outro com o mesmo nome poucos anos depois de eu ter feito o meu.

Como todo filme de poucos recursos, esse também tirou o sono da produção, mas nunca achei que dinheiro sobrando seja garantia de um bom filme. Não sei como será a comercialização, nem penso nisso agora. Fiz um filme na beira da estrada sobre gente que busca alternativas. Quero que ele seja visto principalmente nesses lugares, nos espaços alternativos. Penso em festivais e em algumas salas convencionais – como geradores de mídia e opinião, mas sei que quando um filme ganha vida própria tudo pode acontecer.

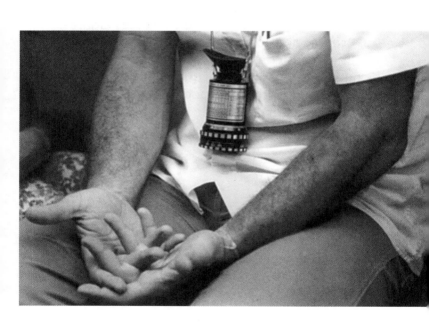

Capítulo XIL

Passado e Futuro

Durante a preparação, minha mãe morreu em Porto Alegre. Ela estava doente há vários anos, aparentemente já não reconhecia ninguém, mas não tem jeito, por mais que o desenlace fosse esperado a qualquer momento o telefonema me pegou no coração. Fui ao Sul, me despedi dela, revi os irmãos, cunhados, sobrinhos e levei algum tempo pra assimilar o fato. Guardo a imagem da mulher que andava por toda casa o dia inteiro, a mãe atenta aos filhos, a amiga que dormia com a chave na mão nos fins de semana de inverno para abrir a porta quando eu voltava das festas, pronta pra fazer um chocolate quente e saber como tinha sido a noitada.

Um pouco depois do filme, faleceu também Angélica, minha primeira mulher e companheira, mãe dos meus quatro filhos mais velhos. Morte surpreendente, repentina, assustadora mesmo para quem acha que já conhece um pouco da vida. Ela enchia a casa, era o ponto de união entre filhos e netos. Olho para eles e vejo o pouco tempo que dedico a eles. Essas perdas e outras recentes, como a de Maria José Jaime – amiga dos tempos da UNE –, me acordam mais uma vez para a realidade de que somos biodegradáveis.

Nesse mesmo tempo, como para mostrar o que é óbvio nesta nossa passagem, Paulo me deu mais uma neta, Bruno acaba de filmar *A Noite por Testemunha*, Denise prepara *A Memória de Inês*, todos fazem e têm projetos. Sou biodegradável, mas tenho um tempo de validade que não pertence a mim.

Tudo isso acontece quando me encontro numa nova fase de revisão, deleto arquivos no computador, procuro manter somente os essenciais. Com o passar do tempo ficamos cada vez mais essenciais e o essencial é cada vez menor.

Termino de ditar essas memórias com a sensação de quem nunca pensou em ser biografado. Sempre me bastou saber que fiz e farei algumas coisas que sobreviverão a mim e que filhos e netos levarão meus genes até pelo menos o final do século. Família: como todo canceriano, me emociono ao ver as filhas e os filhos gerando livros, imagens e sons e pessoas. Política: fico satisfeito vendo que participei de uma geração que teve o privilégio de viver crises e que, no meu modesto canto, continuo fazendo alguma coisa para construir um mundo melhor.

Quando o Rubens Ewald Filho e depois o Klecius Henrique me procuraram para publicar este livro, achei muito estranho, sem dúvida um excesso de generosidade. À medida que Klecius ia gravando, me acostumei com a idéia e achei que valia a pena registrar um depoimento sobre minha geração e nossas perplexidades e fixar para sempre alguns amigos e companheiros, em especial aqueles que hoje só vejo na memória e em antigas fotografias. Alguns ficaram no caminho, tantos seguiram outros rumos, muitos estão aí cumprindo seus papéis na vida pessoal, pública e profissional. Mais do que lembranças, são testemunhas e atores de um tempo que resiste nos sonhos de todos e de cada um, mostrando que o que nos mantém vivos é a utopia que nos alimenta.

Hoje, juntam-se a eles as amizades de agora, companheiros que me renovam a esperança e me levam a rever tudo.

Devo ter sido injusto, incompleto e até meio caótico, mas a fluência das gravações foi respeitada na revisão e minha timidez insiste em achar que muito do que é pessoal é intransferível.

Releio essas memórias sem nostalgia, procurando tirar delas o que afinal define a essência da minha vida, como uma ajuda terapêutica de Rubens e Klecius para que eu entenda um pouco mais a razão por que fui posto neste planeta e na forma de um ser humano. E como não sou mais criança, embora insista numa certa adolescência, penso naquele avião em queda livre no cerrado do Tocantins e apelo para a previsão de Madame Campos para acreditar que ainda tenho futuro e o que fazer nele.

Cronologia

Documentários

1972
- *A Semente do Pão*

1976
- *Mensageiros da Aldeia*

1986/1988
- *Na Ponta dos Dedos*
- *Moça de Engenho*
- *História da Ocupação de Goiás*
- *A Capital dos Brasis*

Ficção

Curtas (todos com alunos de oficinas)

- *Eco*, 16mm, realizado nas Oficinas do IV Festival de Cinema de Curitiba, roteiro dos alunos de Antonio Carlos Fontoura

- *O Retrato de Brenda*, 16mm, realizado nas Oficinas do V Festival de Cinema de Curitiba

- *Atrás da Fama*, 35mm, realizado nas Oficinas Integradas de Florianópolis

• *O Segundo Ato*, 35mm, realizado nas Oficinas do VI Festival de Cinema de Curitiba

• *Eu Não Tenho Nada a Ver com Isso*, vídeo, realizado nas Oficinas do Cine PE - Festival de Recife, na favela de Peixinhos.

Longas

1982
• *A Difícil Viagem*
Direção e roteiro: Geraldo Moraes. Com Paulo José, Roberto Bomfim, Venerando Ribeiro, Ary Pararraios, Mallú Moraes, Rui Resende, Zaira Zambelli, João Antônio, Joselita Alvarenga, Beatriz de Castro, Simon Khouri, José de Arimathéia, César Teixeira e Ozman Johma. Produção: Jom Tob Azulay. Co-produção: Embrafilme. Música: Clodo, Climério e Clésio Ferreira. Fotografia Walter Carvalho. Direção de Arte e Figurino: Mallú Moraes. Montagem: Walter Goulart. Som: Nonô Coelho, Chico Bororo e Cataldo Luiz Quinto Filho. 87 minutos.

1989/1990
• *Círculo de Fogo*
Direção e roteiro: Geraldo Moraes. Com Roberto Bomfim, Tonico Pereira, Cristina Prochaska, Venerando Ribeiro, Ednei Giovenazzi, Mallú Moraes, B.de Paiva, Ruy Polanah, Marilena

Chiarelli, Sheila Aragão, Dora Wainer, Carmem Moretzsohn.e Mauri de Castro. Produção: Mallú Moraes e Andréa Valente. Direção de Produção: Marcelo Torres. Co-produção: Embrafilme. Fotografia: Walter Carvalho. Montagem: Walter Goulart. Música: Mauricio Maestro e David Tygel. Direção de Arte e Figurino: Mallú Moraes. Cenografia: Rachel Arruda. Som: Antonio Carlos Muricy.

1997/1999
• *No Coração dos Deuses*
Direção e roteiro: Geraldo Moraes. Com Antonio Fagundes, Roberto Bomfim, Bruno Torres, Mauri de Castro, Cosme dos Santos, Rosa Castro, Mallú Moraes, Iara Jamra, Hugo Rodas, Ge Martú, Paulo Duro, Tonico Pereira, Regina Dourado, Cristina Prochaska, Ângelo Antonio, Rui Polanah, Edney Giovenazzi, André Gonçalves, Denise Milfont e Mariane Vicentini. Produção: Aquarela Produções Culturais. Produção Executiva: Mallú Moraes, Geraldo Moraes e Marcelo Torres. Co-produção: Quanta. Fotografia: César Moraes. Cenografia: Marcelo Larrea. Figurino: Maruja Girelli e Eurico Rocha Filho. Montagem: Michael Ruman. Som: Márcio Câmara e Fernando Cavalcante. Música: André Moraes – com participação de Igor Cavalera e Andréas Kisser.

2007

• *O Homem Mau Dorme Bem*
Direção e roteiro: Geraldo Moraes. Com Luis Carlos Vasconcellos, Bruno Torres, Simone Iliescu, Alex Ferro, Antonio Petrin, Francisco Santana, Mariana Nunes, André Reis, Everaldo Pontes, Jefter Fábio, Nara Faria, Giovani Araújo, André Deca. Produção Aquarela Produções Culturais. Produção Executiva: Mallú Moraes e César Cavalcanti. Co-produção: Quanta. Diretor Assistente: Carlos del Pino. Diretores de Produção: Afonso Coaracy e Tati Mendes. Fotografia: André Lavenère. Montagem: Willem Dias. Cenografia: Frank Dezeuxis. Figurinos: David Parizotti. Maquiagem: Siva Rama Terra. Trilha sonora: André Moraes. Preparação de Atores: Sérgio Penna.

Em preparação:

• *O Herdeiro do Paraíso*

Índice

Apresentação – José Serra	5
Coleção Aplauso – Hubert Alquéres	7
Introdução – Klecius Henrique	11
Nascido sob as Bênçãos de São João	21
O Suicídio de Getúlio	25
O Cinema de Seu Bataglia	29
Contrabando Golpeado pela Sorte	31
Na Escuridão da Segunda Guerra Mundial	33
O Choque do Primeiro Elia Kazan	37
O Primeiro Passo: a Crítica Cinematográfica	41
A Guerra que Não Houve	45
O Militante Estudantil	53
O Poder da UNE dos Anos 60	59
Na Sala de Parto do Cinema Novo	63
O Apelo do Interior	69
A Profecia de Madame Campos	75
Exilado no Coração do Brasil	79
Viajando com os Personagens	87
Flagrante Perdido na História	93
Herdeiros no Cinema	95
Anos de Crise	101
A Crise no Planalto	107

A Magia do Araguaia	113
Descartando um Novo Exílio	117
A Recuperação das Praças	123
Um Salto no Tempo	125
Documentários, de Olho na Ficção	135
Na Pele do Ator	139
Uma Fase de Nascimentos	143
Estréia é Aplaudida pela Crítica	145
O Prazer de Filmar a Céu Aberto	155
Enfim, um Orgasmo na Tela...	159
Um Filme Atual 25 Anos Depois	161
Misticismo no Planalto	163
O Renascimento do Curso de Cinema na UnB	167
Círculo do Fogo – o Jogo dos Poderes	171
Atores, Diretores, Locações: Identificação Necessária	183
Histórias do Fim da Embrafilme	191
De Estilingue a Vidraça	195
Descobri que era Pessoa Jurídica	201
Um Político Objetivo e de Palavra	203
Movido a Calmantes	207
No Coração dos Deuses – uma Aventura no Coração do Brasil	213
Índio quer Foto	225

Nem Real, nem Dólar: uma Vaca	231
Congresso Brasileiro de Cinema – o Retorno do Militante	245
Voltando à mesma Tecla	255
A Coalizão pela Diversidade Cultural	261
Novos Rumos	265
Na Tela, o Velho Posto de Gasolina	271
Na Estrada em Mato Grosso	273
Passado e Futuro	281
Cronologia	285

Crédito das Fotografias

Flash 47
Walter Carvalho 172

A presente obra conta com diversas fotos, grande parte de autoria identificada e, desta forma, devidamente creditada. Contudo, a despeito dos enormes esforços de pesquisa empreendidos, uma parte das fotografias ora disponibilizadas não é de autoria conhecida de seus organizadores, fazendo parte do acervo pessoal do biografado. Qualquer informação neste sentido será bem-vinda, por meio de contato com a editora desta obra (livros@imprensaoficial.com.br/ Grande São Paulo SAC 11 5013 5108 | 5109 / Demais localidades 0800 0123 401), para que a autoria das fotografias porventura identificadas seja devidamente creditada.

Coleção Aplauso

Série Cinema Brasil

Alain Fresnot – Um Cineasta sem Alma
Alain Fresnot

O Ano em Que Meus Pais Saíram de Férias
Roteiro de Cláudio Galperin, Bráulio Mantovani, Anna Muylaert e Cao Hamburger

Anselmo Duarte – O Homem da Palma de Ouro
Luiz Carlos Merten

Ary Fernandes – Sua Fascinante História
Antônio Leão da Silva Neto

Batismo de Sangue
Roteiro de Helvécio Ratton e Dani Patarra

Bens Confiscados
Roteiro comentado pelos seus autores Daniel Chaia e Carlos
Reichenbach

Braz Chediak – Fragmentos de uma vida
Sérgio Rodrigo Reis

Cabra-Cega
Roteiro de Di Moretti, comentado por Toni Venturi e Ricardo
Kauffman

O Caçador de Diamantes
Roteiro de Vittorio Capellaro, comentado por Máximo Barro

Carlos Coimbra – Um Homem Raro
Luiz Carlos Merten

Carlos Reichenbach – O Cinema Como Razão de Viver
Marcelo Lyra

A Cartomante
Roteiro comentado por seu autor Wagner de Assis

Casa de Meninas
Romance original e roteiro de Inácio Araújo

O Caso dos Irmãos Naves
Roteiro de Jean-Claude Bernardet e Luis Sérgio Person

O Céu de Suely
Roteiro de Mauricio Zacharias, Karim Aïnouz e Felipe Bragança

Chega de Saudade
Roteiro de Luiz Bolognesi

Cidade dos Homens
Roteiro de Paulo Morelli e Elena Soárez

Como Fazer um Filme de Amor
Roteiro escrito e comentado por Luiz Moura e José Roberto Torero

Críticas de Edmar Pereira – Razão e Sensibilidade
Org. Luiz Carlos Merten

Críticas de Jairo Ferreira – Críticas de Invenção: Os Anos do São Paulo Shimbun
Org. Alessandro Gamo

Críticas de Luiz Geraldo de Miranda Leão – Analisando Cinema: Críticas de LG
Org. Aurora Miranda Leão

Críticas de Rubem Biáfora – A Coragem de Ser
Org. Carlos M. Motta e José Júlio Spiewak

De Passagem
Roteiro de Cláudio Yosida e Direção de Ricardo Elias

Desmundo
Roteiro de Alain Fresnot, Anna Muylaert e Sabina Anzuategui

Djalma Limongi Batista – Livre Pensador
Marcel Nadale

Dogma Feijoada: O Cinema Negro Brasileiro
Jeferson De

Dois Córregos
Roteiro de Carlos Reichenbach

A Dona da História
Roteiro de João Falcão, João Emanuel Carneiro e Daniel Filho

Os 12 Trabalhos
Roteiro de Claudio Yosida e Ricardo Elias

Estômago
Roteiro de Lusa Silvestre, Marcos Jorge e Cláudia da Natividade

Fernando Meirelles – Biografia Prematura
Maria do Rosário Caetano

Fim da Linha
Roteiro de Gustavo Steinberg e Guilherme Werneck; Storyboard de Fabio Moon e Gabriel Bá

Fome de Bola – Cinema e Futebol no Brasil
Luiz Zanin Oricchio

Guilherme de Almeida Prado – Um Cineasta Cinéfilo
Luiz Zanin Oricchio

Helvécio Ratton – O Cinema Além das Montanhas
Pablo Villaça

O Homem que Virou Suco
Roteiro de João Batista de Andrade, organização de Ariane Abdallah e Newton Cannito

João Batista de Andrade – Alguma Solidão e Muitas Histórias
Maria do Rosário Caetano

Jorge Bodanzky – O Homem com a Câmera
Carlos Alberto Mattos

José Carlos Burle – Drama na Chanchada
Máximo Barro

Liberdade de Imprensa – O Cinema de Intervenção
Renata Fortes e João Batista de Andrade

Luiz Carlos Lacerda – Prazer & Cinema
Alfredo Sternheim

Maurice Capovilla – *A Imagem Crítica*
Carlos Alberto Mattos

Não por Acaso
Roteiro de Philippe Barcinski, Fabiana Werneck Barcinski e Eugênio Puppo

Narradores de Javé
Roteiro de Eliane Caffé e Luís Alberto de Abreu

Onde Andará Dulce Veiga
Roteiro de Guilherme de Almeida Prado

Pedro Jorge de Castro – O Calor da Tela
Rogério Menezes

Quanto Vale ou É por Quilo
Roteiro de Eduardo Benaim, Newton Cannito e Sergio Bianchi

Ricardo Pinto e Silva – Rir ou Chorar
Rodrigo Capella

Rodolfo Nanni – Um Realizador Persistente
Neusa Barbosa

O Signo da Cidade
Roteiro de Bruna Lombardi

Ugo Giorgetti – O Sonho Intacto
Rosane Pavam

Viva-Voz
Roteiro de Márcio Alemão

Zuzu Angel
Roteiro de Marcos Bernstein e Sergio Rezende

Série Crônicas
Crônicas de Maria Lúcia Dahl – O Quebra-cabeças
Maria Lúcia Dahl

Série Cinema
Bastidores – Um Outro Lado do Cinema
Elaine Guerini

Série Ciência & Tecnologia
Cinema Digital – Um Novo Começo?
Luiz Gonzaga Assis de Luca

Série Dança
Rodrigo Pederneiras e o Grupo Corpo – Dança Universal
Sérgio Rodrigo Reis

Série Teatro Brasil
Alcides Nogueira – Alma de Cetim
Tuna Dwek

Antenor Pimenta – Circo e Poesia
Danielle Pimenta

Cia de Teatro Os Satyros – Um Palco Visceral
Alberto Guzik

Críticas de Clóvis Garcia – A Crítica Como Oficio
Org. Carmelinda Guimarães

Críticas de Maria Lucia Candeias – Duas Tábuas e Uma Paixão
Org. José Simões de Almeida Júnior

João Bethencourt – O Locatário da Comédia
Rodrigo Murat

Leilah Assumpção – A Consciência da Mulher
Eliana Pace

Luís Alberto de Abreu – Até a Última Sílaba
Adélia Nicolete

Maurice Vaneau – Artista Múltiplo
Leila Corrêa

Renata Palottini – Cumprimenta e Pede Passagem
Rita Ribeiro Guimarães

Teatro Brasileiro de Comédia – Eu Vivi o TBC
Nydia Licia

O Teatro de Alcides Nogueira – Trilogia: Ópera Joyce – Gertrude Stein, Alice Toklas & Pablo Picasso – Pólvora e Poesia
Alcides Nogueira

O Teatro de Ivam Cabral – Quatro textos para um teatro veloz: Faz de Conta que tem Sol lá Fora – Os Cantos de Maldoror – De Profundis – A Herança do Teatro
Ivam Cabral

O Teatro de Noemi Marinho: Fulaninha e Dona Coisa, Homeless, Cor de Chá, Plantonista Vilma
Noemi Marinho

Teatro de Revista em São Paulo – De Pernas para o Ar
Neyde Veneziano

O Teatro de Samir Yazbek: A Entrevista – O Fingidor – A Terra Prometida
Samir Yazbek

Teresa Aguiar e o Grupo Rotunda – Quatro Décadas em Cena
Ariane Porto

Série Perfil

Aracy Balabanian – Nunca Fui Anjo
Tania Carvalho

Ary Fontoura – Entre Rios e Janeiros
Rogério Menezes

Bete Mendes – O Cão e a Rosa
Rogério Menezes

Betty Faria – Rebelde por Natureza
Tania Carvalho

Carla Camurati – Luz Natural
Carlos Alberto Mattos

Cleyde Yaconis – Dama Discreta
Vilmar Ledesma

David Cardoso – Persistência e Paixão
Alfredo Sternheim

Denise Del Vecchio – Memórias da Lua
Tuna Dwek

Emiliano Queiroz – Na Sobremesa da Vida
Maria Leticia

Etty Fraser – Virada Pra Lua
Vilmar Ledesma

Gianfrancesco Guarnieri – Um Grito Solto no Ar
Sérgio Roveri

Glauco Mirko Laurelli – Um Artesão do Cinema
Maria Angela de Jesus

Ilka Soares – A Bela da Tela
Wagner de Assis

Irene Ravache – Caçadora de Emoções
Tania Carvalho

Irene Stefania – Arte e Psicoterapia
Germano Pereira

John Herbert – Um Gentleman no Palco e na Vida
Neusa Barbosa

José Dumont – Do Cordel às Telas
Klecius Henrique

Leonardo Villar – Garra e Paixão
Nydia Licia

Lília Cabral – Descobrindo Lília Cabral
Analu Ribeiro

Marcos Caruso – Um Obstinado
Eliana Rocha

Maria Adelaide Amaral – A Emoção Libertária
Tuna Dwek

Marisa Prado – A Estrela, o Mistério
Luiz Carlos Lisboa

Miriam Mehler – Sensibilidade e Paixão
Vilmar Ledesma

Nicette Bruno e Paulo Goulart – Tudo em Família
Elaine Guerrini

Niza de Castro Tank – Niza, Apesar das Outras
Sara Lopes

Paulo Betti – Na Carreira de um Sonhador
Teté Ribeiro

Paulo José – Memórias Substantivas
Tania Carvalho

Pedro Paulo Rangel – O Samba e o Fado
Tania Carvalho

Reginaldo Faria – O Solo de Um Inquieto
Wagner de Assis

Renata Fronzi – Chorar de Rir
Wagner de Assis

Renato Borghi – Borghi em Revista
Élcio Nogueira Seixas

Renato Consorte – Contestador por Índole
Eliana Pace

Rolando Boldrin – Palco Brasil
Ieda de Abreu

Rosamaria Murtinho – Simples Magia
Tania Carvalho

Rubens de Falco – Um Internacional Ator Brasileiro
Nydia Licia

Ruth de Souza – Estrela Negra
Maria Ângela de Jesus

Sérgio Hingst – Um Ator de Cinema
Máximo Barro

Sérgio Viotti – O Cavalheiro das Artes
Nilu Lebert

Silvio de Abreu – Um Homem de Sorte
Vilmar Ledesma

Sonia Maria Dorce – A Queridinha do meu Bairro
Sonia Maria Dorce Armonia

Sonia Oiticica – Uma Atriz Rodrigueana?
Maria Thereza Vargas

Suely Franco – A Alegria de Representar
Alfredo Sternheim

Tatiana Belinky – ... E Quem Quiser Que Conte Outra
Sérgio Roveri

Tony Ramos – No Tempo da Delicadeza
Tania Carvalho

Vera Holtz – O Gosto da Vera
Analu Ribeiro

Walderez de Barros – Voz e Silêncios
Rogério Menezes

Zezé Motta – Muito Prazer
Rodrigo Murat

Especial

Agildo Ribeiro – O Capitão do Riso
Wagner de Assis

Beatriz Segall – Além das Aparências
Nilu Lebert

Carlos Zara – Paixão em Quatro Atos
Tania Carvalho

Cinema da Boca – Dicionário de Diretores
Alfredo Sternheim

Dina Sfat – Retratos de uma Guerreira
Antonio Gilberto

Eva Todor – O Teatro de Minha Vida
Maria Angela de Jesus

Eva Wilma – Arte e Vida
Edla van Steen

Gloria in Excelsior – Ascensão, Apogeu e Queda do Maior Sucesso da Televisão Brasileira
Álvaro Moya

Lembranças de Hollywood
Dulce Damasceno de Britto, organizado por Alfredo Sternheim

Maria Della Costa – Seu Teatro, Sua Vida
Warde Marx

Ney Latorraca – Uma Celebração
Tania Carvalho

Raul Cortez – Sem Medo de se Expor
Nydia Licia

Rede Manchete – Aconteceu, Virou História
Elmo Francfort

Sérgio Cardoso – Imagens de Sua Arte
Nydia Licia

TV Tupi – Uma Linda História de Amor
Vida Alves

Victor Berbara – O Homem das Mil Faces
Tania Carvalho

Formato: 12 x 18 cm

Tipologia: Frutiger

Papel miolo: Offset LD 90 g/m²

Papel capa: Triplex 250 g/m²

Número de páginas: 308

Editoração, CTP, impressão e acabamento:
Imprensa Oficial do Estado de São Paulo

Coleção Aplauso Série Cinema Brasil

Coordenador Geral	Rubens Ewald Filho
Coordenador Operacional e Pesquisa Iconográfica	Marcelo Pestana
Projeto Gráfico	Carlos Cirne
Editor Assistente	Felipe Goulart
Assistente	Edson Silvério Lemos
Editoração	Fátima Consales
	Sandra Regina Brazão
Tratamento de Imagens	José Carlos da Silva
Revisão	Dante Pascoal Corradini

© **imprensaoficial** 2008

**Dados Internacionais de Catalogação na Publicação
Biblioteca da Imprensa Oficial do Estado de São Paulo**

Henrique, Klecius
   Geraldo Moraes : o cineasta do interior / Klecius
Henrique – São Paulo : Imprensa Oficial do Estado de São
Paulo, 2008.
   308p. : il. – (Coleção aplauso. Série cinema Brasil /
Coordenador geral Rubens Ewald Filho)

   ISBN 978-85-7060-653-2

   1. Cinema – Diretores e produtores – Brasil - Biografia
2. Cinema – Brasil - História 3. Moraes, Geraldo, 1939 -
Biografia I. Ewald Filho, Rubens. II. Título. III. Série.

CDD 791.437 098 1

Índices para catálogo sistemático:
1.Cineastas brasileiros : Apreciação crítica 791.437 098 1

Foi feito o depósito legal na Biblioteca Nacional
(Lei nº 10.994, de 14/12/2004)
Direitos reservados e protegidos pela lei 9610/98

Imprensa Oficial do Estado de São Paulo
Rua da Mooca, 1921 Mooca
03103-902 São Paulo SP
www.imprensaoficial.com.br/livraria
livros@imprensaoficial.com.br
Grande São Paulo SAC 11 5013 5108 I 5109
Demais localidades 0800 0123 401

Coleção *Aplauso* | em todas as livrarias e no site
www.imprensaoficial.com.br/livraria

editoração, ctp, impressão e acabamento

imprensaoficial

Rua da Mooca, 1921 São Paulo SP
Fones: 2799-9800 - 0800 0123401
www.imprensaoficial.com.br